ANNÉE

DES DAMES.

Baronne de Staël Holstein.

ANNÉE DES DAMES,

OU

PETITE BIOGRAPHIE

DES

FEMMES CÉLÈBRES

POUR TOUS LES JOURS DE L'ANNÉE;

(Avec portraits.)

Par Mme GABRIELLE DE P....

TOME SECOND.

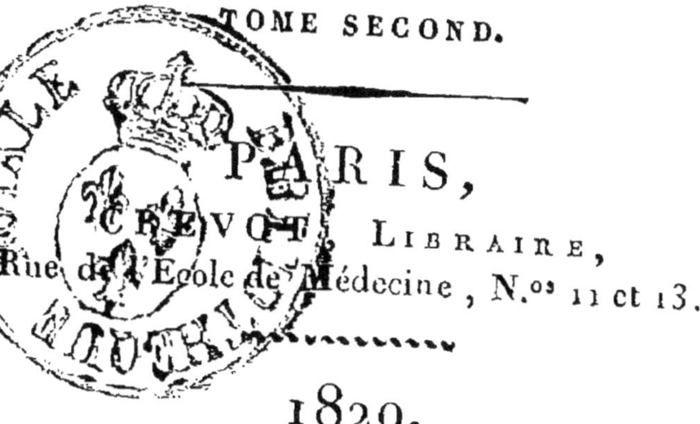

PARIS,

PRÉVOT, LIBRAIRE,
Rue de l'École de Médecine, N.os 11 et 13.

1820.

IMPRIMERIE DE MIGNERET,
RUE DU DRAGON, N.° 20, F. S. G.

ANNÉE

DES DAMES.

<hr>

1.er JUILLET. — FANNY DE BEAU-HARNAIS.

Fanny, comtesse de Beauharnais, fille
d'un receveur des finances, qui lui fit
donner une brillante éducation, épousa
le comte de Beauharnais, et fut obligée
de s'en séparer, après quelques années
de mariage. Elle se livra dès-lors à son
goût pour la littérature, et admit dans
sa société plusieurs hommes de lettres
distingués, tels que Mably, Baculard-
d'Arnaud, Bitaubé, Mercier, etc. En
1788, sa passion pour les beaux-arts

l'engagea à faire un voyage en Italie, où elle puisa de nouvelles connaissances, dont elle vint faire hommage à sa patrie. Les poésies de Fanny de Béauharnais lui assurent un nom à jamais célèbre. On y remarque, comme dans sa prose, des idées fraîches et naturelles, un esprit charmant, une philosophie douce, assaisonnée d'une gaieté soutenue. Son *Avis aux Penseurs* plaira toujours à tous les goûts. Sa *Précieuse du jour*, comédie pleine d'esprit, reparaîtrait sans doute avec un nouveau succès sur la scène française. — La comtesse de Beauharnais fut enlevée à notre Parnasse, le 1.er juillet 1813, dans un âge très-avancé.

2 JUILLET. — HORTENSE MANCINI.

HORTENSE MANCINI, duchesse de Mazarin, nièce du cardinal, réunissait tous les charmes d'une rare beauté, aux avantages d'une grande fortune. Elle épousa, en 1661, Armand Charles de la Meilleraye, dont le caractère bizarre n'était pas propre à la fixer. Comme elle ne put se faire séparer de lui, elle passa, six ans après, en Angleterre, où elle se composa une petite cour, de tout ce qu'il y avait de plus ingénieux à Londres. Le vieux Saint-Évremont, qui ne la quitta presque point, dit qu'elle avait de la grandeur et de la noblesse dans la figure, dans l'esprit et dans l'âme; qu'elle savait beaucoup et cachait son savoir; que sa conversation était solide et enjouée. Lorsque madame de Sévigné voulait donner une idée de deux beaux yeux, elle disait: *ce sont les yeux de la duchesse de Mazarin.* Sa voix était touchante; son teint vif et doux. Elle a laissé des *Mémoires*, écrits avec autant d'esprit que de naturel. On les trouve dans les Œuvres de Saint-Évremont. — Hortense Mancini mourut le 2 juillet 1699.

3 JUILLET. — MARIE DE MÉDICIS.

MARIE DE MÉDICIS, reine de France, naquit à Florence en 1573, et épousa Henri IV en 1600. De ce mariage qui se célébra avec de très-grandes fêtes, naquirent Louis XIII et plusieurs autres enfans. Après l'attentat qui termina les jours de Henri IV, Marie de Médicis fut nommée, en 1610, régente du royaume. Elle n'avait malheureusement pas assez d'habileté, et trop d'orgueil pour gouverner sagement un état comme la France, où les souvenirs de la ligue n'étaient pas éteints. Elle méprisa plusieurs fois les remontrances du Parlement..... Il se fit des troubles sous sa régence ; et Louis XIII, qui aurait pu, en calmant les germes du désordre, ménager sa mère, la relégua à Blois. On réconcilia vainement la mère avec le fils en 1619 ; le reste de la vie de Marie de Médicis se passa dans les exils, et dans une espèce d'indigence !..... Qu'elle leçon ! La veuve de Henri IV, la mère d'un roi de France, manque presque du nécessaire, parce qu'elle a fait de grandes fautes..... Elle mourut à Cologne le 3 juillet 1642, à soixante-neuf ans. — Marie de Médicis aimait les arts. On lui doit la superbe galerie de Rubens, le palais du Luxembourg, la promenade dite le *Cours-la-Reine*, et plusieurs acqueducs qui ont purifié l'air de Paris.

4 JUILLET. — JEANNE KOERTEN.

JEANNE KOERTEN, née en 1650, à Amsterdam, montrait, encore enfant, un goût décidé pour tout ce qui tient aux beaux-

arls. Les soins que l'on donna à son
éducation, perfectionnèrent ces heureux penchans. Jeanne excella dans l'art
de modeler en cire des statues, des
groupes, et même des fruits. Elle écrivait avec une délicatesse exquise, chantait à ravir, peignait avec talent, et
possédait très-bien l'art de graver sur
verre. Mais ce qui la fit remarquer davantage fut son adresse admirable dans
la découpure. Tout ce que le graveur
exprime avec le burin, elle le rendait
avec des ciseaux. Des paysages, des sujets
historiques, des marines, des animaux,
des portraits d'une ressemblance parfaite, des fleurs, elle exécutait tout et
réussissait toujours. Le nom de Jeanne
Koerten, se répandit en Europe; Pierre-
le-Grand lui rendit visite; et plusieurs
têtes couronnées l'enrichirent. Elle mourut dans l'abondance, à soixante-cinq
ans, le 4 juillet 1715.

5 JUILLET — ELISABETH BESUCHET.

ÉLISABETH BESUCHET, née à Paris en 1704, se plaça par ses poésies, dans le nombre des muses françaises. Elle publia, dans divers recueils, plusieurs pièces fugitives qui eurent un grand succès, et qui décèlent un véritable talent pour les vers. On admire sur-tout les *Stances* qu'elle fit paraître en 1765 sur le *Miserere*. — La vie d'Élisabeth est peu connue. Elle mourut à quatre-vingts ans, le 5 juillet 1784.

6 JUILLET. — ANNE DE GONZAGUE.

ANNE DE GONZAGUE, princesse palatine, femme d'Édouard, comte palatin du Rhin, s'attira par son esprit et sa beauté un grand nombre d'adorateurs, dont sa vertu lui fit constamment rejeter les hommages. Elle joua un rôle dans les troubles de la Fronde ; mais elle n'y fit que du bien. Toujours fidèle à l'état, (dit Bossuet, qui fit son oraison funèbre,) elle gagna tous les cœurs, eut le secret de tous les partis, et sut concilier les intérêts les plus opposés. Après avoir passé de longues années dans la piété et les bonnes œuvres, Anne de Gonzague mourut, le 6 juillet 1684, à soixante-huit ans. Les pauvres perdirent en elle une tendre mère, et les gens de bien un appui.

7 JUILLET. — MAGDELEINE DE FRANCE.

MAGDELEINE DE FRANCE, fille de François I.er, femme de Jacques V, roi d'Écosse, naquit en 1520, à Saint-Germain-en-Laye. Son esprit et sa beauté la firent remarquer de bonne heure. Jacques ne put entendre tout le bien que l'on disait d'elle, sans en devenir passionnément amoureux. Il résolut de la mériter, en secourant la France où Charles-Quint préparait une invasion. Mais une tempête dispersa la flotte sur laquelle il amenait seize mille hommes de secours. François I.er n'en fut que plus touché de la générosité de Jacques, et lui accorda sa fille. Magdeleine passa donc en Écosse, où elle fit le bonheur de son époux et de ses sujets. Mais ils ne la possédèrent pas long-temps. Elle mourut après six mois de mariage, le 7 juillet 1536, d'une fièvre maligne, à l'âge de seize ans.

8 JUILLET. — JEANNE DE LA CROIX. — ELISABETH D'ARRAGON.

JEANNE IGNÈS DE LA CROIX, religieuse du Mexique, jouit encore d'un grand nom chez les Espagnols, par la vaste imagination qui règne dans ses poésies et dans ses drames. Il est fâcheux que l'élégance, l'esprit, la verve poétique se trouvent noyés dans des dissertations théologiques, dans des traits d'érudition scholastiques, dans l'originalité grotesque du genre espagnol. — Jeanne de La Croix mourut le 8 juillet 1610.

—ÉLISABETH, fille de Pierre III, roi d'Arragon, née en 1271, épousa à vingt ans, Denis-le-Libéral, roi de Portugal. Ce prince l'avait plus recherchée à cause de sa beauté et de son esprit qu'à cause de sa piété. Cependant il la laissa libre de se livrer à tous ses exercices de dévotion. Elle fit beaucoup de bien aux pauvres, et se montra toujours d'un caractère égal, doux, affable. Après la mort de son époux, qu'elle pleura sincèrement, elle se consacra à la vie religieuse, et mourut sous l'habit de sainte Claire, le 4 juillet 1336. L'église, qui l'a canonisée, célèbre sa fête le 8 du même mois.

9 JUILLET. — BLANCHE DE BOURBON.

BLANCHE DE BOURBON, reine de Castille, femme de Pierre-le-Cruel, ne trouva dans son mariage avec ce tyran, qu'une source de malheurs. Elle n'avait que quatorze ans, lorsqu'elle épousa le féroce Pierre; et déjà elle était douée de tous les agrémens de l'esprit, de toutes les grâces de son sexe. Le roi de Castille, livré à des maîtresses infâmes, ne se laissa toucher ni par les vertus, ni par les charmes innocens de Blanche; il la traita avec le dernier mépris, et refusa de la voir, après trois jours de mariage. Dès-lors, cette malheureuse princesse fut enfermée dans une triste prison, où elle mourut empoisonnée, à l'âge de vingt-trois ans, après neuf ans de captivité, le 9 juillet 1361, jour anniversaire de son mariage. — Les Français, sous la conduite de Duguesclin, vengèrent sa mort en détrônant Pierre-le-Cruel.

10 JUILLET. — JEANNE HACHETTE.

JEANNE HACHETTE mérite un nom immortel : elle sauva sa patrie du pillage. Les Bourguignons assiégeaient Beauvais; ils étaient à la veille de prendre cette ville, qui n'avait ni assez d'hommes pour se défendre, ni assez de provisions pour traîner le siège. Le 10 juillet 1472, jour du dernier assaut, Jeanne Hachette harangua les femmes de Beauvais, les anima à combattre pour leur pays, leur fit déposer toute faiblesse, se mit à leur tête, et parut sur la brèche, une hache à la main. Sa valeur intrépide, ses exploits, les efforts de ses compagnes donnèrent à leurs époux et à leurs pères, un courage invincible, et ralentirent l'impétuosité des Bourguignons. Jeanne arracha de sa main un étendard que les assiégeans avaient déjà planté sur les remparts, renversa quelques soldats qui se disposaient à entrer dans la ville, et eut enfin le bonheur de faire lever le siège. Le nom de cette illustre amazone est cher à ses concitoyens. Ses descendans étaient exempts de tailles ; et en mémoire de sa belle action, on fait tous les ans à Beauvais la procession du 10 juillet, où les femmes marchent les premières. — Nos historiens sont si soigneux des choses intéressantes, qu'on ne sait rien de plus sur Jeanne Hachette. — Son véritable nom était Jeanne Lainée, on l'appela *Hachette*, du nom de l'arme qu'elle portait le 10 juillet 1472.

11 JUILLET. — Mme DE BOIS-BÉRENGER.

Cécile-Henriette Tardieu de Malessy, marquise de BOIS-BÉRENGER, fut, dans le règne de la terreur, une des nombreuses héroïnes de la piété filiale. On l'arrêta en 1793; et elle fut enfermée au Luxembourg, avec son père, sa mère et sa jeune sœur. Sa famille reçut l'ordre de comparaître devant le tribunal révolutionnaire, comme coupable de conspiration. Mme de Bois-Berenger, voyant qu'elle n'était point mandée avec sa famille, se livra au désespoir. — Grand Dieu, s'écriait-elle, nous ne mourrons donc pas ensemble !.... Elle s'arrachait les cheveux, embrassait tour-à-tour son père, sa sœur et sa mère, et faisait retentir sa prison de ses sanglots. Enfin un nouvel acte d'accusation la comprit avec sa famille. Alors la joie brilla sur son visage; elle se coupa elle-même les cheveux, et ne s'occupa plus que d'alléger la douleur de ses parens. — Consolez-vous, disait-elle dans la fatale charette, à sa mère défaillante, nous mour-

rons ensemble; toute votre famille vous
accompagne..... Madame de Bois-Berenger fut immolée le 11 juillet 1793.
— Elle était jeune, belle, aimable,
et vertueuse.

12 JUILLET. — LA MARQUISE DE LAMBERT.

Anne-Thérèse de Marguenat de Cour-
celles, marquise de LAMBERT, née à Paris
en 1647, fut élevée par l'ingénieux Ba-
chaumont, son beau-père, et s'accoutuma de bonne heure à faire de petits
extraits de ses lectures. Les travaux et
les études de ses premières années lui
furent d'un grand secours dans la suite.
Après la mort de son mari (le marquis
de Lambert, qu'elle perdit au bout de
vingt ans de mariage), elle essuya de
longs procès où il s'agissait de sa fortune, et dont elle se tira avec toute l'a-

dresse d'une personne qui n'aurait pas eu d'autre talent. Libre enfin, elle établit à Paris une maison où il était d'autant plus honorable d'être reçu, que c'était presque la seule où l'on ne jouait point, où l'on s'occupait de littérature sans intrigues de cotterie. Aux qualités de l'esprit, la marquise de Lambert, joignait aussi celles de l'âme. Une bonne action à faire, même en faveur des personnes indifférentes, la tentait toujours vivement; et il fallait que les circonstances fussent bien contraires, pour qu'elle ne la fît pas. Elle fut presque toute sa vie mal portante, et ses dernières années, se passèrent dans de cruelles maladies. Elle a écrit deux volumes in-12, publiés après sa mort. On y trouve : *La Femme Ermite*, petit roman, plein d'intérêt ; *Les Avis d'une Mère à son Fils et à sa Fille ; Les Réflexions sur les Femmes*, le *Traité de la Vieillesse*, et enfin, le

Traité de l'Amitié, que l'auteur ressentait. — La marquise de Lambert, mourut le 12 juillet 1733, à quatre-vingt-six ans.

13 JUILLET. — Mlle DE GOURNAI.

MARIE LE JARS DE GOURNAI, fille savante, née à Paris en 1566, avait pour Montaigne une admiration sans bornes. Ce philosophe qui l'estimait, la nomma *sa fille d'alliance*, et la fit héritière de ses écrits. Mademoiselle de Gournai était digne de cette adoption ; elle connaissait toutes les langues savantes, et les écrivait avec facilité. Mais elle aimait beaucoup les vieux mots, et la vieille prononciation française ; on dit qu'elle parlait sous Louis XIII, comme du temps de François Ier Cette bizarrerie, et son caractère vif amusaient beaucoup Richelieu qui prenait plaisir à la voir. Elle

2..

eut des amis illustres, qui firent plusieurs fois son éloge. Ses ouvrages, intitulés *Présens de Mlle de Gournai*, forment deux volumes in-4.° On lui doit aussi une édition des *Essais de Montaigne*, dédiée au cardinal de Richelieu, et enrichie d'une préface extrêmement curieuse. — Cette savante fille, qui refusa constamment de se marier, mourut à Paris le 13 juillet 1645, à soixante-dix-neuf ans.

14 JUILLET — Mme DE STAEL.

Anne Louise Germaine Necker, veuve d'Éric Magnus, baron de STAEL-HOLSTEIN, s'est fait dans notre siècle un nom immortel, par la vaste étendue de son génie, et la brillante imagination qui règne dans ses ouvrages. Elle voyagea en Allemagne, en Angleterre, en Suisse, en Italie; et ces voyages agrandirent encore cet esprit si favorisé de la nature. On ne se lassera jamais de lire les pages séduisantes de *Corine*; on étudiera toujours son *Allemagne*; *Delphine* offrira toujours aux dames des émotions et de l'intérêt. Dans ses *Considérations sur la Révolution française*, Mme de Staël a prouvé que les plus hauts mystères de la politique, ne sont pas étrangers à toutes les femmes. On peut regarder aussi cet ouvrage, comme un monument de la piété filiale, puisque l'auteur en a consacré les pages les plus éloquentes à défendre la mémoire de Necker, son père. Mme de Staël a fait aussi pour le théâtre: *Sophie* ou les sentimens secrets, comédie en trois actes et en vers, représentée en 1786, et *Jeanne Gray*, tragédie en cinq actes et en vers, représentée en 1787. On attribue à sa jeunesse, un roman intitulé, *Lettres de Nanine à Sinphal*, que sa famille a désavoué. Cette femme célèbre, l'honneur de notre siècle, fut enlevée à la France, le 14 juillet 1817. — On publie en dix-huit volumes in-8°., les OEuvres complètes de Mme de Staël-Holstein.

15 JUILLET. — Mme DE GRIGNAN.

Françoise Marguerite de Sévigné, comtesse de GRIGNAN, fille de la célèbre marquise de Sévigné, naquit en 1646. La réputation que lui attirèrent ses charmes, sa sagesse, son esprit et ses vertus la firent rechercher de bonne heure. Elle épousa le comte de Grignan, qui commandait en Provence. Le long séjour qu'elle fit dans le Midi, donna lieu à la plus grande partie des lettres si spirituelles, et si délicatement écrites de sa mère. Mme de Grignan avait beaucoup d'esprit, mais d'un esprit moins naturel que celui de Mme de Sévigné.

Elle mourut le 15 juillet 1705. Ses *lettres* sont imprimées avec celles de sa mère.

16 JUILLET. — Mme MANLEY.

MADAME MANLEY, née dans une des îles du Hampsire, dont son père était gouverneur, montra de bonne heure un esprit satirique, et le talent de saisir les ridicules. Ce rôle ne conviendrait peut-être pas à une femme : quoi qu'il en soit, Mme Manley l'a rempli avec succès. Elle avait débuté dans la carrière littéraire par des tragédies, jouées sur différens théâtres anglais, et maintenant un peu oubliées, parce que le genre tragique n'était pas celui de cette femme spirituelle. Enfin, elle publia le fameux roman historique et satirique, intitulé *Atlantis*, que l'on se hâta de traduire en français, et qui eut un succès extraordinaire. Mais le portrait trop fidèle

de quelques grands personnages anglai[s]
lui attira des persécutions. Elle n'éta[it]
pas riche; on la plongea dans la misèr[e]
—Elle termina une vie, agitée par l[es]
tracasseries et les peines, dans un âg[e]
peu avancé, le 16 juillet 1724.

17 JUILLET. — CHARLOTTE CORDAY.

MARIE-CHARLOTTE CORDAY-D'ARMANS[,]
née en 1768, à Saint-Saturnin en Nor[-]
mandie, demeurait à Caen, lorsque le[s]
évènemens du 31 mai 1793, exaltèren[t]
sa haine contre Marat, qu'elle regardai[t]
comme le chef des jacobins. Elle s[e]
rendit à Paris le 12 juillet, et obtint d[e]
Marat la permission de le voir, deu[x]
jours après son arrivée. La conversatio[n]
tomba sur les troubles du Calvados.
Lorsque Marat eut dit que la plupar[t]
des principaux habitans de Caen allaien[t]
monter sur l'échafaud, Charlotte Cor-

...lay ne retint plus son indignation ; elle ...ira un poignard de son sein, et d'un ...eul coup, elle mit fin à la vie et aux ...ureurs du monstre. Après cette action ...ardie, cette fille, calme, ne chercha ...oint à s'échapper ; et on la conduisit à ...'abbaye. Elle subit devant le tribunal ...évolutionnaire un long interrogatoire, ...où elle montra autant de dignité que de ...ourage. Enfin, elle fut condamnée à ...a mort, et dit en entendant sa sentence, ...qu'elle considérait son action comme ...un service rendu à la patrie. On la ...couvrit de la chemise rouge ; et elle ...monta sur l'échafaud, le 17 juillet 1793. ...A l'heure de la mort, son visage avait ...encore la fraîcheur et le coloris d'une ...emme satisfaite. Elle était belle, d'une ...aille gracieuse, et possédait tous les ...charmes de son sexe.

18 JUILLET. — ELISABETH CIRANI.

ÉLISABETH CIRANI, née à Bologne, au commencement du dix-septième siècle, se rendit célèbre par ses talens dans la peinture. Elle se forma de bonne heure par l'étude des tableaux des grands maîtres, et devint, fort jeune encore, la gloire de l'École de Bologne. Son coloris est frais et gracieux, son dessin assez correct, sa manière agréable, mais quelquefois dépourvue de fermeté. Quoiqu'elle eût plus de talent pour les sujets simples et tendres, cependant, par une singularité assez remarquable, elle choisissait, de préférence, les sujets terribles, et manquait souvent de force pour les exécuter. Son goût et son imagination étaient en contraste avec les talens que la nature lui avait départis — Élisabeth Cirani mourut dans sa patrie, le 18 juillet 1664.

19 JUILLET. — MARGUERITE PALÉO-
LOGUE.

MARGUERITE PALÉOLOGUE, née vers l'an 1515, descendait de la race impériale des Paléologue, qui régnèrent si long-temps en Orient. Cette princesse, qui était une des plus belles femmes de l'Italie, joignait à cet avantage, des qualités plus précieuses; elle se distingua par ses vertus, son esprit et ses talens. Elle fut mariée, en 1532, à Frédéric de Gonzague, duc de Mantoue et marquis de Monferrat. Le bonheur suivit cette union; mais, au bout de neuf ans, Marguerite ayant perdu son époux, fit le serment de ne jamais le remplacer, et borna tous ses soins à l'éducation de ses enfans et au gouvernement de ses états. Elle commença par chasser de ses terres les vagabonds et les brigands qui les infestaient; elle punit les malfaiteurs

2.   3

et fit de ses tribunaux le refuge de l'innocence et de la faiblesse. Ennemie du vice, elle se montra encore plus amie de la vertu. Son palais devint l'asyle des pauvres et des malheureux ; elle les soulageait dans leur misère, elle les consolait par les paroles les plus douces et les soins les plus touchans. Elle acquit enfin le beau nom de *Bienfaisante*, et mourut pleurée de tous ses sujets, le 19 juillet 1565.

20 JUILLET. — CLAUDE DE FRANCE.

CLAUDE DE FRANCE, fille de Louis XII et d'Anne de Bretagne, naquit en 1499 au château de Romorantin. Elle était douce, bonne, sincèrement pieuse, et d'un caractère égal ; mais la nature, en lui accordant les qualités du cœur, lui avait refusé le don de la beauté. Sa taille était médiocre, et elle boitait un peu, défaut qu'elle tenait de sa mère. Les traits de son visage, parfaitement ressemblans à ceux de son père, n'avaient rien qui pût fixer l'attention. On y remarquait seulement un grand air de douceur. La reine, sa mère, redoutant de la voir malheureuse, par l'hymen que l'on projetait pour elle avec le comte d'Angoulême, depuis François I.er, s'opposa à ce mariage, et voulut la donner à Charles d'Autriche. Louis XII y consentit d'abord; mais bientôt des motifs puissans s'opposèrent à ce nouveau projet, et sur l'avis des hommes les plus sages de la cour, on conclut le mariage de Claude avec le prince d'Angoulême. La princesse avait été fiancée en 1506, et la cérémonie du mariage se célébra en 1514. Louis XII se flattait, en formant cette union politique, que le bonheur de sa fille pourrait s'y trouver. Anne d'Autriche craignant encore les dégoûts du comte d'Angoulême, le roi lui dit : — « Elle n'est point belle, mais » sa vertu touchera son époux, et il ne » pourra s'empêcher de lui rendre jus- » tice. » L'unique soin de la princesse fut de plaire à cet époux, et de secou- rir les infortunés. Après la mort de son père, elle eut beaucoup à souffrir des infidélités de François Ier, et elle re- doubla de patience et de douceur. Tant de vertus, et le bien qu'elle fit à ses sujets, lui acquirent une glorieuse ré- putation. On ne l'appelait que *la bonne Reine*. Elle fut couronnée à St-Denis, en 1517, et mourut à Blois, le 20 juil- let 1524.

31 JUILLET. — ANTOINETTE DE LAM- BESC.

ANTOINETTE de Cadenet, dame de LAMBESC, contemporaine de la belle

Laure, se rendit célèbre, dans le quatorzième siècle, par son mérite et les agrémens de son esprit. Elle était une des dames qui composaient la cour d'Amour à Avignon, lorsque les papes y faisaient leur résidence. Les poésies de M.me de Lambesc firent du bruit dans la Provence; mais on ne nous en a conservé que quelques fragmens. — La mort de cette femme spirituelle est placée au 21 juillet 1375.

22 JUILLET. M.me DE LA SABLIÈRE.

Marguerite-Henriette Hesselin, épouse d'Antoine de Rambouillet DE LA SABLIÈRE, naquit avec le goût le plus heureux pour les Sciences et les Lettres. Elle eut le bonheur de trouver, dans son mari, les mêmes penchans. Antoine de la Sablière s'est fait un nom par ses *Madrigaux*, que l'on proposera toujours comme des modèles en ce genre de poésie. Sa femme, sans avoir rien écrit de saillant, se rendit célèbre par la protection qu'elle accorda aux enfans des muses. Il suffisait de cultiver les Lettres avec quelque mérite pour être bien reçu dans sa maison. Elle y donna asyle, pendant vingt ans, à notre bon La Fontaine, qui l'immortalisa dans ses vers. — Cette dame termina sa généreuse et trop courte vie, à cinquante-huit ans, le 22 juillet 1694.

23 JUILLET. — LOUISE DE MONTMORENCY.

Louise de Montmorency, destinée à la vie religieuse dès sa plus tendre jeunesse, l'embrassa avec joie, et fit briller dans le cloître les vertus les plus douces. Elle devint supérieure de l'abbaye de Montmartre. Pendant le règne de la terreur, elle fut arrêtée et conduite dans la maison d'arrêt de Saint-Lazarre ; peu de temps après, elle fut traduite devant le tribunal révolutionnaire, et, chargée de crimes imaginaires, elle fut condamnée à mort, le 23 juillet 1794, comme ayant conspiré contre la république..... Elle venait d'atteindre sa soixante-onzième année.

24 JUILLET. — MATHILDE DE TOS-CANE.

MATHILDE, comtesse DE TOSCANE, née en 1046, épousa Godefroi-le-Bossu, duc de Lorraine ; mais ils vécurent presque toujours séparés, Mathilde ne voulant pas quitter le beau ciel de l'Italie, pour suivre son époux dans le Nord. Elle se trouva veuve à trente ans, et ne s'engagea pas dans un nouveau mariage. Sa piété était ardente : elle soutint avec chaleur les intérêts des papes contre l'empereur Henri IV, son cousin, combattit pour la cour de Rome, et remporta de grands avantages sur les Allemands. Elle fit ensuite au Saint-Siége une donation solennelle de ses biens et de ses états, qui comprenaient la Toscane, Parme et Plaisance, Mantoue, Reggio, Ferrare, Modène, Vérone, une partie de l'Ombrie, le duché de Spolette, la marche d'Ancône, etc. — Mathilde mourut, peu de temps après ce testament, le 24 juillet 1115, à soixante-seize ans.

25 JUILLET. —MARGUERITE LAMBRUN.

MARGUERITE LAMBRUN a mérité, par son courage et son intrépidité, une place dans le nombre des femmes célèbres. Elle était écossaise, et de la suite de Marie Stuart. Après avoir vu mourir cette princesse infortunée, elle eut encore la douleur de perdre son mari qui, fortement attaché à sa maîtresse, ne put lui survivre, et succomba à sa douleur. Marguerite, poussée par le désespoir, prit la résolution de venger la mort de l'un et de l'autre, sur celle qui en était l'auteur. Elle s'habilla en homme, prit le nom d'*Antoine Sparch*, et se rendit à la cour de la reine Élisabeth. Elle portait sur elle deux pistolets chargés, l'un pour tuer la reine et l'autre pour se tuer elle-même, après qu'elle aurait accompli son funeste projet. Un jour qu'elle cherchait à s'approcher d'Élisabeth, un de ses pistolets tomba; on s'en aperçut aussitôt, et on l'arrêta. Élisabeth informée de ce qui se passait, voulut interroger elle-même le coupable. Marguerite parut en sa présence; elle avoua, d'un air calme, son nom, son sexe, son pays, et les motifs qui l'avaient amenée. Élisabeth écouta tran-

quillement ces aveux, et lui demanda,
puisqu'elle avait cru faire son devoir
envers sa maîtresse et son mari, ce
qu'elle pensait qu'elle dût faire elle-
même? — Est-ce en qualité de juge, ou
en qualité de reine, que vous me de-
mandez cela, répliqua Marguerite? —
C'est en qualité de reine. — Votre Majesté doit m'accorder ma grâce. — Quelle
assurance me donnez-vous, que vous
n'entreprendrez pas encore une sem-
blable action? — Madame, la grâce que
l'on veut donner avec tant de précau-
tion, n'est plus une grâce. Ainsi, Votre
Majesté peut agir contre moi comme
juge.... La reine, frappée de tant de
courage, accorda à Marguerite sa grâce
toute entière, malgré les sentimens des
vils flatteurs de son conseil. Elle or-
donna ensuite que cette femme courageuse fût conduite en France, comme
elle avait eu la prudente de le deman-

der. C'est là qu'elle acheva sa carrière,
le 25 juillet 1601.

26 JUILLET. — Mme LEPELLETIER.

MADAME LEPELLETIER, veuve du prince
de Chimay, s'était rendue recommandable, à la fin du dernier siècle, par la
douceur de son commerce et l'affabi-
lité de son esprit. Sous la terreur de
Robespierre, elle fut emprisonnée et
condamnée à mort par le tribunal révolutionnaire, parce qu'elle avait écrit
à ses parens émigrés, et *conspiré contre
la république;* comme si une faible
femme pouvait renverser un état. Mais
alors, comme en bien d'autres temps,
on accusait de conspiration ceux à qui
l'on ne pouvait trouver de crimes. —
Mme Lepelletier mourut sur l'échafaud, avec résignation et courage, le
26 juillet 1794.

27 JUILLET.—PRINCESSE DE MONACO.

Mlle de Stainville, née à Paris, en 1778, épousa, fort jeune encore, le prince Joseph Grimaldi de MONACO. Cette jeune personne, aussi vertueuse qu'aimable, à qui tout promettait une heureuse existence, fut victime des orages de la révolution. Elle fut mise en arrestation chez elle, au mois de septembre 1793. Elle parvint d'abord à s'échapper de Paris, erra quelque temps dans les campagnes voisines, rentra ensuite dans la capitale, et eut le malheur d'être encore arrêtée, et conduite dans une maison d'arrêt. Elle y resta plusieurs mois, et lors de la prétendue conspiration des prisons, on la fit comparaître devant le tribunal révolutionnaire ; elle fut condamnée à mort le 27 juillet 1794, comme ennemie du peuple. C'était la veille du supplice de Robespierre. La princesse de Monaco se déclara grosse, mais elle ne put obtenir aucun délai. Au moment de partir pour aller à l'échafaud, elle demanda du rouge et s'en mit un peu : « Si la nature veut que j'aie un instant » de faiblesse, dit-elle, employons l'art » pour le dissimuler. » Elle brisa ensuite un carreau de vitre et s'en servit pour couper ses beaux cheveux blonds qu'elle envoya à ses enfans. Elle marcha à la mort avec un courage héroïque, à l'âge de vingt-six ans.

28 JUILLET. — Mme BOUQUET.

MADAME BOUQUET, belle-sœur du député Guadet, s'était retirée dans une maison de campagne, auprès de Bordeaux, où elle se livrait à son goût pour la bienfaisance. Après les proscriptions du 31 mai 1793, plusieurs députés de

la Gironde, proscrits et fugitifs, erraie[nt]
sans asyle, car alors une loi infâme fai[-]
sait de l'hospitalité un crime d'éta[t.]
Guadet, connaissant les douces vertu[s]
de sa belle-sœur, conduisit chez ell[e]
quatre députés poursuivis comme lu[i.]
Elle les reçut avec empressement. — Qu[e]
tous les malheureux viennent ici, s'écri[a-]
t-elle, je ne crains que pour eux et no[n]
pour moi... Elle les logea dans un sou[-]
terrain profond, où elle leur porta[it]
tous les jours à manger. Tout était ex[-]
trèmement rare et cher. On ne délivrai[t]
à M.ᵐᵉ Bouquet qu'une livre de pai[n]
par jour; mais elle y joignait des hari[-]
cots et des pommes de terre, dont ell[e]
avait fait une provision secrète. Se[s]
hôtes ne se levaient qu'à midi, pour n[e]
faire qu'un repas; et elle mangeait très[-]
peu pour leur laisser davantage. Au[]
bout d'un mois de soins si généreux[,]
Guadet fut arrêté dans sa maison; le[s]

autres députés, forcés de quitter leur retraite, périrent bientôt. Elle fut traî-née elle-même dans les prisons de Bor-deaux, et interrogée sur ses crimes po-litiques : — Si l'humanité, si les liens du sang sont des crimes, dit-elle, tous les vrais Français méritent la mort.... Le tribunal la condamna à porter sa tête sur l'échafaud; et cette tête, qui n'avait médité que le bien, tomba le 28 juillet 1793.

29 JUILLET. — ANNE DE LA VIGNE.

ANNE DE LA VIGNE, fille d'un médecin de Vernon-sur-Seine, fit éclater, dès sa plus tendre enfance, son goût et ses talens pour la poésie. Elle rendit son nom célèbre dans la littérature, à la-quelle elle se livra entièrement. Ses poésies se font remarquer par la grâce et l'agrément qu'elles renferment. Elle

répondit, par le quatrain suivant, à u[n]
homme d'esprit qui voulait être aim[é]
d'elle :

Ah ! sur mon cœur cessez de rien prétendre,
    Cessez de le faire souffrir.
Le ciel ne l'a pas fait si sensible et si tendre
    Pour aimer ce qui doit périr....

Mlle de la Vigne joignit, à un espr[it]
distingué, un caractère doux et un[e]
conduite régulière. Elle mourut à Pari[s]
dans la fleur de l'âge, le 29 juillet 1684[,]
des suites d'une maladie causée par tro[p]
d'application à l'étude. Il nous reste d[e]
cette muse une *Ode* intitulée : *Monse[i]-*
gneur le Dauphin au Roi; une autre [à]
Mlle *de Scudéry,* son amie, et quel[-]
ques autres pièces de vers qu'on a re[-]
cueillies en un vol. *in-8°.* Un inconn[u]
lui envoya, en récompense de son pre[-]
mier ouvrage, une boîte de coco qu[i]
renfermait une lyre d'or émaillée, e[t]
des vers à sa louange.

3o JUILLET. — MARIE-THÉRÈSE D'AUTRICHE.

MARIE-THÉRÈSE D'AUTRICHE, fille de Philippe IV, roi d'Espagne, naquit à Madrid, en 1638, et fut mariée à Louis XIV, en 1660. Elle eut toutes les vertus qui gagnent l'estime, et sut, par sa douceur, se faire aimer de son époux, lors même qu'il lui était infidèle. Elle était belle, bien faite, spirituelle; mais peut-être n'avait-elle pas assez de coquetterie pour attacher constamment Louis XIV, auprès de qui il fallait briller. C'était une sainte; mais elle était dirigée par un confesseur espagnol peu éclairé, qui ne lui laissait pas assez le temps de songer à ses devoirs de reine. Louis XIV ne la rendit pas très-heureuse; et elle souffrit, avec la patience et la douceur la plus admirable, ses maîtresses et ses torts. —

4..

Marie-Thérèse d'Autriche mourut le 30 juillet 1683, à quarante-cinq ans. Louis parut très-affecté en apprenant sa perte : — *Voilà*, dit-il, *le seul chagrin qu'elle m'ait donné dans sa vie.*

31 juillet. — MARIE DE BRABANT.

MARIE DE BRABANT fut recherchée, à cause de son rare mérite et de sa beauté, par Philippe-le-Hardi, roi de France, qui l'épousa en 1274. Elle posséda bientôt le cœur tout entier de son époux, et l'envie voulut la perdre. On l'accusa, après deux ans de mariage, d'avoir empoisonné un fils que Philippe avait eu d'une première femme. L'intrigue était si habilement conduite, que Marie allait y succomber, lorsque son frère, Jean, duc de Brabant, envoya un chevalier pour défendre, par le combat, l'innocence de cette reine. Le lâche qui l'a-

vait accusée n'osa plus, dès-lors, soute-
nir sa calomnie, et il fut pendu. — Marie
de Brabant avait du talent pour la poésie; ses bienfaits attirèrent à la cour de
France des savans et des beaux esprits.
On dit même qu'elle aida beaucoup l'auteur de *Cléomadès*, dans la composition de ce roman célèbre. Elle conserva
toujours le cœur de son mari; elle eut,
tant qu'il vécut, beaucoup de part au
gouvernement du royaume. Après la
mort de Philippe, elle acheva ses jours
dans la retraite et l'étude, et termina
sa carrière, à un âge très-avancé, le
31 juillet 1321, selon la plupart des
annalistes.

1.er AOUT. — Mme BARNEVELT.

LES querelles religieuses qui déchirèrent la Hollande, au commencement du dix-septième siècle, conduisirent le vertueux BARNEVELT à l'échafaud. Il était né, dit un historien, avec les vertus des derniers soutiens de la république romaine, et il en eut le sort funeste. Avant de mourir, il écrivit à sa femme une lettre que l'on a conservée, et qui est un modèle de tendresse et de grandeur d'âme. Il porta ensuite sa tête au bourreau, et mourut avec le courage impassible d'un chrétien philosophe. Ses deux fils, Réné et Guillaume, formèrent le dessein de venger la mort inique de leur père, et entrèrent dans une conspiration qui fut découverte. Guillaume prit la fuite, Réné fut arrêté et condamné à mort. La veuve de Barnevelt, éperdue,

alla demander sa grâce au prince Mau-
rice, qui la lui refusa : — Il me paraît
étrange, lui dit-il, que vous fassiez pour
votre fils, ce que vous n'avez pas voulu
faire pour votre mari..... Cette mère,
digne épouse de Barnevelt, lui répondit
avec indignation : — *Je n'ai pas de-
mandé grâce pour mon mari, parce
qu'il était innocent ; je la demande
pour mon fils, parce qu'il est coupable....* — Mme Barnevelt, mourut le 1.er
août 1633.

2 AOUT. — JEANNE DE CLISSON.

Jeanne de Belleville, femme d'Olivier III, sire de Clisson, née vers le commencement du quatorzième siècle, se
rendit célèbre sous le règne de Philippe
de Valois, par son courage héroïque. Le
roi, soupçonnant Olivier de Clisson,
d'entretenir avec les Anglais de coupa-

bles intelligences, lui fit faire son procè.
On le condamna à mort, et le jugemen
fut exécuté le 2 août 1343 ; Jeanne a
désespoir, s'occupa du soin de venge
son époux ; elle commença par envoye
à Londres, son fils unique, pour le met
tre en sûreté ; ensuite elle vendit se
diamans, ses effets précieux, arma troi
vaisseaux, prit le commandement d
cette petite flotte, et courut la mer, at-
taquant les vaisseaux français qu'elle
rencontrait. Elle fit plusieurs descentes
en Normandie, assiégea plusieurs châ-
teaux, et après les avoir forcés elle ven-
geait sur tout ce qui s'y rencontrait, la
mort de son mari. « On vit plus d'une
fois, dit Saint-Foix, une des plus belles
femmes de l'Europe, tenant l'épée d'une
main et le flambeau de l'autre, fixer avec
plaisirs ses regards sur les horreurs de la
guerre ». Jeanne poussa peut-être trop
loin l'ardeur de la vengeance, mais le

noble motif qui la guidait, fit admirer
son intrépidité. — On croit qu'elle mourut en 1361.

3 AOÛT. — SÉRAPHINE CONTARINI.

SÉRAPHINE CONTARINI, née à Venise, se
fit religieuse dans un couvent de cette
ville. Elle pratiqua avec ferveur toutes
les vertus que demandait son état, mais
l'austérité du cloître ne l'empêcha pas
de se livrer à l'étude des belles lettres.
Avec une mémoire prodigieuse, un esprit vif et éclairé, elle possédait un jugement sain, et un goût exquis. Elle
écrivit en latin et en italien, des *Lettres*
qui sont estimées, et qu'on a recueillies
dans le dernier siècle, en un vol. in 8.°
— Séraphine se rendit surtout célèbre
dans l'étude des langues anciennes et
modernes; plusieurs beaux esprits ont
rendu un témoignage éclatant à sa
science. — Elle mourut le 3 août 1647.

4 AOUT. — BATISTA MALATESTA.

BATISTA, fille de Gui, prince d'Urbin, et femme de Galéas MALATESTA, fut l'une des plus belles et des plus savantes femmes du quatorzième siècle : elle excella dans la philosophie et la théologie. On admira aussi son éloquence. On a d'elle des *Lettres* fort savantes, et dont le style est correct et élégant ; un *Traité* sur la véritable religion, et un autre *Traité* sur la fragilité humaine. Ces deux ouvrages sont très-estimés. — Batista Malatesta mourut le 4 août 1416.

— Il est des familles où le mérite et la célébrité semblent héréditaires. Cette heureuse succession se trouve du côté des femmes, dans la famille des Malatesta et dans quelques autres qu'on a déjà pu remarquer.

ÉLISABETH MALATESTA, fille de la pré-

cédente, hérita des vertus, de l'esprit
et des talens de sa mère, qui se plut à
perfectionner son éducation; elle laissa
plusieurs ouvrages estimés et mourut
vers le milieu du quinzième siècle.

BATISTA MALATESTA, petite fille de la
première, naquit vers l'an 1612. Elle
épousa Frédéric duc d'Urbin, et se
rendit célèbre par la force de son éloquence. Dans un voyage qu'elle fit à
Rome, elle alla saluer le pape Pie II, et
lui adressa un discours latin, improvisé
sur le champ, qui fit l'admiration de
toute la cour pontificale. Elle mourut
en 1470.

GENEVIÈVE MALATESTA se fit tellement
estimer par ses vertus et sa science, que
les plus grands personnages de l'Italie,
recherchaient comme une faveur d'être
admis dans sa société; elle ne voulut
point se marier et se livra uniquement
à l'étude des belles lettres. Elle vi-

vait vers le milieu du quinzième siècle.

PAULE MALATESTA, qui paraît être sœur
de la précédente, épousa vers 1440 le
marquis de Mantoue. Elle se rendit illustre par une rare beauté, de grandes
vertus, et une érudition surprenante.
Elle a laissé divers ouvrages estimés. Elle
fut mère de *cinq filles*, et s'occupa elle-
même de leur éducation, avec tant de
soins et de succès, qu'elles acquirent
toutes autant de réputation que leurs
aïeules.

5 AOUT. — LADY MACAULAY.

LADY CATHERINE MACAULAY, née à
Londres, se fit un grand nom dans le
dernier siècle par son *Histoire d'Angleterre sous les règnes des trois Stuart*.
Dans cet ouvrage plein de mérite, Lady
Macaulay montra un esprit tellement
républicain, qu'elle se fit autant d'ad-

mirateurs, qu'il y avait d'ennemis du gouvernement monarchique en Angleterre. Elle eut même la gloire si rare, de se voir élever une statue, de son vivant. Elle y est représentée sous la figure de la muse de l'histoire, tenant une plume de la main droite, et le bras gauche appuyé sur les cinq volumes de son histoire d'Angleterre. — Lady Macaulay est morte, dit-on, le 5 août 1798.

6 AOUT. — M.me GIRARDON.

CATHERINE DU CHEMIN, femme du célèbre Sculpteur GIRARDON, était digne d'avoir pour époux, un artiste et un homme illustre. Elle chérissait elle-même et cultivait avec succès les beaux-arts. L'admirable talent, avec lequel elle peignait les fleurs, sauvera son nom de l'oubli. L'académie de peinture la reçut dans son sein. Les plus grands per-

sonnages de son temps rendirent hommage à son mérite. — Elle mourut à
Paris, le 6 août 1798. — Son mari éleva
à sa mémoire le beau mausolée que
l'on a pu voir aux Petits-Augustins, et
qui doit se trouver à Notre-Dame. Ce
monument de reconnaissance et d'a-
mour conjugal, est aussi un monument
de génie.

7 AOUT. — Mme BOURDIC-VIOT.

MARIE-ANNE-HENRIETTE PAYAN DE L'É-
TANG, née à Dresde en 1746, mariée à
treize ans, et veuve à seize du marquis
d'Antremont, épousa en secondes noces
le Baron de Bourdic, auprès de qui elle
coula des jours paisibles. Douée d'une
imagination vive, et d'un grand amour
pour l'étude, elle apprit le latin, l'anglais, l'allemand, l'italien ; elle cultiva
les muses et les beaux-arts, et se fit

connaître avantageusement sous les trois noms *d'Antremont*, de *Bourdic*. et de *Bourdic-Viot*. Ses poésies lui ouvrirent les portes de l'académie de Nîmes ; elle prononça, pour son discours de réception, un *éloge de Montaigne*, son auteur favori. Cet éloge où Montaigne est bien apprécié, sera long-temps la meilleure apologie de l'auteur des Essais. Mais c'est sur-tout dans ses poésies que Mme Bourdic-Viot, s'est fait une gloire durable. On peut citer son *Ode au silence*, son petit poëme de *l'Été*, sa romance de *la Fauvette*, etc., comme des modèles sous le rapport du style, de l'esprit, du sentiment et des grâces. Bonne, modeste, enjouée, Mme Bourdic-Viot fit les délices des sociétés de Paris. — Avec une taille élégante, elle n'était pas jolie. Voici le portrait qu'elle a fait d'elle-même : « J'ai le front étroit, de très-petits yeux, assez expressifs,

5..

lorsqu'un sentiment agréable agite mon
âme ; la face aplatie, les joues arron-
dies, la bouche assez gracieuse, le teint
blanc, mais marqué de petite vérole.
Sous cette enveloppe, la nature a placé
un cœur droit et sensible ; j'ai beaucoup
d'égalité dans l'humeur, mais beaucoup
de variété dans tout ce qui s'appelle
goût. Avec la candeur d'un enfant, j'ai
rarement de l'esprit, quelquefois de l'i-
magination..... » — Cette muse fut enlevée à la France, le 7 août 1802.

8 AOUT. — Mme DUBOCAGE.

MARIE - ANNE LEPAGE DUBOCAGE, née
à Rouen en 1710, des académies de
Rome, de Bologne, de Padoue, de
Lyon, etc., réunissait aux charmes de
la figure, les agrémens de l'esprit et du
caractère. Elle commença sa réputation
par un petit *Poëme*, qui remporta le

prix à l'académie de Rouen, et se fit
bientôt un nom par de plus grands ouvrages. Son *Paradis perdu*, poëme
en six chants, imité de Milton, offre à
chaque pas de grandes beautés. Peut-
être une femme dont l'esprit était gracieux, ne devait-elle pas lutter avec le
terrible Milton. Aussi, Mme Dubocage
n'a-t-elle pu rendre les mâles tableaux
de son modèle. Mais elle peignit d'une
manière si séduisante, les amours
d'Adam et d'Ève, que Voltaire lui adressa
des stances, dont voici la première :

> Milton, dont vous suivez les traces,
> Vous prête ses transports divins ;
> Eve est la mère des humains,
> Et vous êtes celle des Grâces....

Après le *Paradis perdu*, Mme Dubocage publia la *Colombiade*, ou la découverte de l'Amérique, poëme en dix
chants, où l'on trouve de très-beaux

vers, et des idées vraiment sublimes. On doit encore à cette dame : *Les Amazones*, tragédie ; *le Temple de la Renommée*, poëme traduit de Pope ; *Mélanges de vers et de prose* ; une *Ode* sur l'opéra, et la relation agréablement écrite de ses *Voyages en Angleterre, en Hollande, et en Italie*. Mme Dubocage fut chérie pour ses vertus douces, son caractère obligeant, son esprit aimable. Elle reçut de son vivant une foule d'honneurs. Voltaire l'accueillit à Ferney, avec les égards que l'on accorderait à une reine. Le pape Benoit XIV, la reçut à Rome de la manière la plus distinguée. La cour de Londres lui rendit des hommages. — Elle mourut à Paris, le 8 août 1802, à quatre-vingt-douze ans. C'était l'amie de Mme Bourdic-Viot, qui la précéda d'un jour dans la tombe. — Les œuvres de Mme Dubocage forment ordinairement trois volumes.

9 AOUT. — L'IMPÉRATRICE IRÈNE.

IRÈNE, veuve de l'empereur Léon IV, se fit proclamer *Auguste*, avec son fils Constantin Porphyrogénète, alors âgé de neuf ans, et régna peut-être avec trop de fermeté. Mais l'empire d'Orient fut heureux et florissant sous ses lois. Elle assembla le deuxième concile de Nicée, contre les Iconoclastes, qui se rétractèrent presque tous; et le culte des images fut rétabli. Cependant Constantin son fils grandissait; il voulut régner, éloigna sa mère, et régna assez mal. Irène fut remise sur le trône, et fut dès-lors la première femme qui gouvernât seule l'empire. Le jeune Constantin mourut peu après; sa mère fut accusée de ce meurtre. Elle avait donné la liberté aux prisonniers d'état, répandu des largesses sur le peuple, af-

fermi la paix dans l'empire : mais les crimes dont on l'accusait et ses nombreux
ennemis, la renversèrent de nouveau.
Nicéphore, qui lui succéda, la relégua
dans l'île de Lesbos, où elle mourut le
9 août 803. Des critiques ont reproché
à cette femme célèbre, d'avoir terni ses
grandes qualités par une sévérité trop
cruelle, et par le meurtre de quelques
personnages, qui gênaient son ambition. Cependant, Charlemagne, qui se
connaissait en vrai mérite, fit des dé-
marches pour l'épouser.... Il est certain
qu'elle avait des vertus, et que le désir
de régner, qui en égara tant d'autres,
lui fit commettre des crimes. Elle avait
une belle figure, du génie, du courage,
et le talent de conduire les affaires.

10 AOUT. — Mme DE MASSIMI.

Pétronille Paolini, marquise de Mas-

SIMI, née dans les états romains, vers l'an 1700, se distingua par son esprit et ses talens littéraires. Elle fixa son séjour à Rome, et y excita l'admiration, par le génie et les grâces qui brillaient dans ses poésies. L'académie des Arcades la reçut dans son sein, elle y entra en prenant le surnom de *Fidalma Parthenide.* Elle a laissé sous ce nom, plusieurs pièces de vers, qui se trouvent dans différens recueils. Corsignani et Muratori parlent de cette muse avec les plus grands éloges. — Elle mourut le 10 août 1757.

11 AOUT. — CATHERINE DE PARTHENAY.

CATHERINE DE PARTHENAY, née en 1554, veuve à trente ans du vicomte de Rohan, fut dans son long veuvage, le modèle de toutes les vertus. Elle s'occupa uni-

quement du soin d'élever ses enfans, à
qui elle inspira les sentimens les plus
magnanimes. Elle était née dans la religion protestante : elle soutint coura-
geusement, en 1646, toutes les incommodités du siège de la Rochelle; et malgré sa vieillesse, elle vécut trois mois,
sans se plaindre, de chair de cheval et
de quatre onces de pain par jour. Elle
fit même jouer sur le théâtre de la ville
assiégée, une tragédie *d'Holopherne* et
d'autres drames qui n'ont point été imprimés. — Cette femme courageuse,
mourut à soixante-dix-sept ans, le 11
août 1631.

12 AOUT. — LA REINE ANNE.

ANNE, fille de Jacques II, roi de la
Grande-Bretagne, et d'Anne Hyde sa
première femme, naquit en 1664. Elle
fut élevée dans la religion protestante.

Elle passa la plus grande partie de sa jeunesse en France, où elle était venue chercher des secours contre la faiblesse de sa vue. On la maria à dix-neuf ans, au prince Georges de Dannemarck, qui fut toujours pour elle un tendre amant. Après la mort de Guillaume, époux de Marie sa sœur ainée, les Anglais l'appelèrent au trône en 1702. Anne chercha à faire le bonheur de son peuple ; son règne fut glorieux ; elle fit triompher ses armes, conclut de sages traités, étendit sa puissance, réunit l'Écosse à l'Angleterre, et fut plus d'une fois arbitre des destins de l'Europe. Cette princesse, sans avoir les qualités brillantes d'Élisabeth, rendit son nom justement célèbre. Elle possédait une grande bonté de caractère et une douceur inaltérable. Ses sujets ne l'appelaient que *la bonne reine Anne*. « Élisabeth fit respecter ses lois, dit un écrivain célèbre, Anne fit

aimer les siennes. » On lui reproche tro[p]
de faiblesse envers ses favoris, qui lu[i]
causèrent souvent de violens chagrins[.]
Elle mourut le 12 août 1714, âgée d'en[-]
viron cinquante ans.

13 AOUT. — MAGDELEINE SALVIET[I]
— SAINTE-RADÉGONDE.

MARIE MAGDELEINE SALVIETI, née dan[s]
la Toscane, se fit remarquer par so[n]
courage et sa présence d'esprit. So[n]
mari était tombé dans les mains d'un[e]
troupe de brigands, qui dépêchèren[t]
un d'entr'eux à son château, pour de[-]
mander à sa femme vingt mille francs d[e]
rançon si elle voulait revoir son époux[.]
—Je vais moi-même porter cette somme[,]
répondit Magdeleine. . . . . . En mêm[e]
temps, elle fit arrêter le messager[,]
arma tous ses gens, et le força à la gui[-]
der au repaire de sa bande.

L'audace de cette amazone, eut le plus heureux succès. Elle livra un combat opiniâtre aux brigands rassemblés, les mit en déroute, et ramena son époux, d'autant plus heureux qu'il devait sa liberté à la bravoure de sa femme.— Cette dame généreuse mourut le 13 août 1616. — Une autre Ialienne du même nom, s'est distinguée dans les lettres.

— RADEGONDE, fille de Bertaire, roi de Thuringe, fut élevée dans le paganisme jusqu'à l'âge de dix ans, que le roi Clotaire I.er la fit instruire dans la religion chrétienne Il l'épousa ensuite et trouva en elle les charmes de la vertu joints à ceux de la beauté. Mais Radegonde, douce, modeste, pieuse, peu faite pour les intrigues des cours, pria son époux de permettre qu'elle achevât ses jours dans la solitude, après six ans de mariage. Clotaire ne s'opposa point à ce désir, et Radegonde prit le voile à Noyon.

Elle s'appliqua alors uniquement à son goût pour les exercices pieux, et pour les belles-lettres. Il parait qu'elle faisait d'assez bons vers; ce qu'il y a de certain, c'est qu'elle écrivait très-bien en latin. Quoiqu'éloignée de la cour, elle ne perdit pas son crédit. Clotaire, qui l'estimait, ne lui refusait rien; et les malheureux ne réclamaient pas vainement l'appui de cette reine. Elle mourut saintement, dans l'abbaye de Sainte-Croix qu'elle avait fait bâtir à Poitiers, le 13 août 587, à soixante-huit ans. L'église l'a canonisée; on la fête le jour de sa mort.

14 AOUT. — JEANNE DE MONDON-VILLE.

JEANNE DE MONDONVILLE, fille d'un conseiller au parlement de Toulouse, fut mariée fort jeune, en 1646. Après quelques années de l'union la plus heureuse, elle eut le malheur de perdre un époux qu'elle chérissait tendrement. Jeune encore, elle renonça à former de nouveaux nœuds, et consacra sa vie entière à des œuvres de charité. Elle ouvrit dans sa maison des écoles gratuites, pour l'instruction des pauvres enfans. Elle employa une grande partie de ses biens à fonder une congrégation, sous le nom de *Filles de l'enfance*, qu'elle destinait à perpétuer ses bonnes œuvres. Cette noble conduite lui attira l'estime de ses compatriotes, et de la postérité. — Mme de Mondonville fut cependant persécutée, et mourut dans une espèce de prison le 14 août 1704....

15 AOUT. — GABRIELLE DE ROCHE-CHOUART.

MARIE MAGDELEINE GABRIELLE DE RO-

6.

CHECHOUART reçut de la nature un e[s]
prit fécond, une mémoire heureuse[,]
un génie propre à toutes les science[s.]
Son goût se porta vers l'étude, elle f[it]
de rapides progrès, et posséda de bonn[e]
heure les langues latine, grecque, ita[-]
lienne, et espagnole. L'ancienne et l[a]
nouvelle philosophie, la théologie et l'é[-]
criture sainte n'eurent pour elle rie[n]
d'abstrait et de difficile. Elle se délassa[it]
de la lecture des ouvrages sérieux, e[n]
lisant Homère et Virgile. Elle embrass[a]
fort jeune l'état monastique, et devin[t]
abbesse de Fontevrault. On a d'elle u[n]
grand nombre d'ouvrages manuscrits[,]
où l'on découvre une grande piété, e[t]
un profond savoir. Un seul de ses ou[-]
vrages a été publié: c'est un *Discours*
sur la politesse, qui obtint un grand[e]
succès. — Elle mourut le 15 août 1704[,]
à l'âge de cinquante-neuf ans.

—FRANÇOISE-ATHÉNAÏS DE ROCHECHOUART,

marquise de Montespan, maîtresse de Louis XIV, morte en 1707, dans la pénitence, était sœur de la précédente.

16 aout. — MARGUERITE D'ARBOUSE.

Marguerite d'Arbouse, née en Auvergne au seizième siècle, prit le voile de bonne heure au monastère de Saint-Pierre de Lyon, qu'elle étonna par sa sagesse, qu'elle édifia par ses vertus. Louis XIII, instruit de son mérite, la fit venir à Paris, et lui donna l'abbaye du Val-du-Grâce, où elle établit la réforme par de sages réglemens. Cette sainte fille, qui ramena l'ordre et la piété dans plusieurs maisons religieuses, qui répandit sur les malheureux des bienfaits sans nombre, mourut le 16 août 1626, vénérée de tous, quoiqu'elle eût cherché constamment à cacher ses vertus. — L'abbé Fleury a écrit sa vie : *un volume in-8.*

17 AOUT. — — Mme DACIER.

ANNE LEFÈBVRE, fille du savant Tanneguy Lefèbvre, et plus savante que son père, femme du célèbre André DACIER, et plus célèbre que son mari, naquit à Saumur en 1651. Elle fut élevée par son père qui lui enseigna le latin et le grec. Elle débuta à vingt - quatre ans, dans la littérature savante, par une édition de *Callimaque*, enrichie de remarques, et publia successivement des *Commentaires* sur plusieurs classiques, pour l'usage du Dauphin. Elle précéda tous les savans chargés d'interpréter les auteurs latins pour l'éducation de ce jeune prince. » Ainsi, dit un grand » critique, voilà notre sexe hautement » vaincu par cette illustre dame, puis- » qu'elle publia quatre auteurs (*Florus,* » *Aurelius-Victor, Eutrope, Dictys*

» *de Crète)*, avant que plusieurs hom-
» mes chargés du même soin en eussent
» publié un seul. « Le mari de madame Dacier partageait ses travaux, et
leur union fut le modèle des heureux
ménages, Mais, comme disait Boileau,
la femme, pour le mérite, était au-
dessus de l'homme. On lui doit, outre
les ouvrages dont nous avons parlé, des
traductions de l'*Iliade* et de l'*Odyssée*
d'Homère, une traduction de trois comédies de Plaute, *Amphytrion*, *Ru-
dens*, *Lepidicus*; une traduction des
six *Comédies* de Térence; une autre du
Plutus et des *Nùées* d'Aristophane;
une autre d'Anacréon et de Sapho; etc.
Mme Dacier était aussi estimée pour son
caractère, ses vertus, sa générosité, sa
modestie, qu'admirée pour ses talens.
Un seigneur Allemand l'ayant priée de
s'inscrire sur son album, elle y mit son
nom, avec ce vers de Sophocle : *Le*

silence est l'ornement d'une femme.
La reine Christine voulut l'attirer à
sa cour, et plusieurs grands personnages la visitèrent. — On ne reproche à
Mme Dacier qu'un ridicule : c'est son
amour excessif pour l'antiquité. Elle
voulut un jour régaler ses amis de la
sauce noire de Lacédémone, et faillit à
s'empoisonner avec eux….Ce n'est point
ici le lieu de parler des querelles qu'on
lui suscita sur Homère ; ces querelles
sont terminées ; et l'auteur de l'Iliade
est toujours le père de la poésie épique.
— Mme Dacier mourut le 17 août 1720,
à soixante-neuf ans.

18 AOUT. — MARIE DE RAZILLY.

— SAINTE-HÉLÈNE.

MARIE DE RAZILLY, née dans les environs de Tours, se fit un grand nom, dans
le dix-septième siècle, par son esprit,

ses talens littéraires et son érudition.
Elle excellait sur-tout dans la poésie;
et comme elle avait beaucoup de prédi-
lection pour les vers alexandrins et les
sujets héroïques, ses contemporains lui
donnèrent le surnom de *Calliope.* Différens recueils nous ont conservé quel-
ques-unes de ses pièces de vers, dont la
plus remarquable est son *Placet au roi,*
pour lequel Louis XIV lui fit une pension de deux mille francs. — Marie de
Razilly mourut le 18 août 1707, à qua-
tre-vingt-trois ans.

— SAINTE HÉLÈNE, femme de Constance-Chlore, en fut répudiée lorsque
ce prince parvint à l'empire. Mais au-
sitôt que Constantin-le-Grand, fils de
Constance-Chlore et d'Helène, eut reçu
la couronne impériale, il rappela sa
mère à la cour, lui donna le titre d'Auguste, et lui fit rendre les honneurs dus
à son rang. Vers l'an 326, elle visita les

lieux saints, et découvrit la vraie croix, dont elle envoya une partie à Constantinople. Elle mourut peu de temps après, dans les bras de son fils, le 18 août 32 ou 328, à quatre-vingts ans. Cette princesse, dit un historien, fut recommandable par sa prudence et par l'habileté de sa conduite. Elle rendit les plus grands services à la religion chrétienne, et ses conseils ne furent pas tous inutiles à Constantin.

19 AOUT. — MAGDELEINE DESCHAMPS.

MAGDELEINE DESCHAMPS se fit connaître, vers le milieu du seizième siècle, par ses talens dans la littérature. Elle s'adonna avec beaucoup de succès à l'étude des langues anciennes et modernes. On a d'elle plusieurs pièces de *poésies* grecques, latines et françaises, composées pour la plupart sur la mort de François Baldouin, l'un des hommes les plus savans de son temps. Magdelaine Deschamps fut mère du célèbre Louis Servin, avocat général au parlement de Paris sous Henri III. Elle contribua beaucoup à l'éducation de son fils, qui eut toujours pour elle le plus grand respect. — Elle mourut dans un âge avancé, le 19 août 1582.

20 AOUT. — LA DUCHESSE DE NEMOURS.

Marie-Anne d'Orléans, fille du duc de Longueville, née en 1625, épousa Henri de Savoye, duc de Nemours et prince de Neufchâtel. Elle a laissé des *Mémoires* écrits avec fidélité, et dont le style est agréable et léger. On y trouve des portraits pleins de finesse, de vérité et d'esprit, des détails fort curieux sur les principaux auteurs des troubles de la Fronde, dont cet ouvrage retrace l'his-

toire. La duchesse de Nemours ava[it]
beaucoup d'esprit et de savoir. Elle pr[o]
tégeait les gens de lettres et se plaisa[it]
à les admettre dans sa société. — E[lle]
mourut le 20 août 1707, âgée de qua[tre]
tre-vingt-deux ans.

21 AOUT. — CATHERINE FOURRE[.]

Le comte de Nassau, chargé par Ch[ar]
les – Quint de faire une irruption e[n]
France, investit Péronne à l'improvist[e]
dans les premiers jours du mois d'aoû[t.]
Il n'y avait presque point de garniso[n]
dans cette ville; mais le courage de[s]
habitans y suppléa. Hommes et fem[-]
mes, tout se réunit pour repousser le[s]
assiégeans. La première personne qu[i]
fût tuée en défendant les remparts, fu[t]
une jeune fille frappée d'un boulet d[e]
canon, que l'on voyait encore il n'y [a]
pas long-temps, dans le mur où il s'é[tait]

ait arrêté. Après quelques jours d'as-
auts, les assiégeans battirent en brèche
une partie de la muraille. Mais la nuit
suivante les hommes et les femmes tra-
vaillèrent avec tant d'activité que le lendemain, à la pointe du jour, les brèches
se trouvèrent réparées. Le comte de
Nassau ne laissa pas d'attaquer la ville, et
se retira encore, avec une perte de quinze
cents hommes. Les habitans au com-
ble de la joie de voir l'ennemi en fuite,
se précipitèrent dans les temples pour
rendre grâces à Dieu. Cependant un
capitaine ennemi, suivi de sa compagnie, remarquant les remparts déserts,
se hâta de monter à l'escalade, y planta
son enseigne et cria que la ville était
prise... Alors Catherine Fourre, femme
d'un magistrat de la ville, accourut à
lui, arracha l'étendard, renversa dans
les fossés le capitaine triomphant, et se
défendit avec la pique de l'enseigne

contre les soldats qui montaient apr[ès]
leur chef. Toute la ville arriva bientô[t à]
son secours ; et les assiégeans de nouve[au]
repoussés abandonnèrent la ville. L'a[c]
tion courageuse de Catherine Four[ny]
eut lieu le 21 août 1537. — On ne sa[it]
rien de plus sur cette héroïne.

22 AOÛT. — MARIE MILET.

Pendant les troubles de la ligue, u[n]
capitaine nommé Dupont s'établit e[n]
quartier d'hiver, dans le village de Bé[l]
court en Picardie, et se logea dans la mai[-]
son du fermier Milet, qui avait trois fille[s]
aussi belles que sages. Dupont fut bientô[t]
épris de l'aînée, qui se nommait MARIE[,]
et la demanda en mariage. Le bon paysa[n]
répondit qu'il ne songeait pas à marie[r]
ses filles à des gens de plus haute condition qu'elles. Dupont, irrité de cette ré[-]
ponse, maltraita tellement cet homme

qu'il fut obligé de prendre la fuite. Marie était accourue au bruit : les soldats de Dupont la saisirent et la livrèrent à leur chef, qui ne respecta ni sa jeunesse ni sa vertu..... Après cet outrage, il la força de boire avec lui; Marie au désespoir fit taire un instant sa douleur ; mais bientôt saisissant le moment où Dupont avait la tête détournée, elle se saisit d'un couteau qui se trouvait devant elle et laissa ce monstre expirant. Elle voulut alors s'enfuir, et fut reprise par les soldats qui l'attachèrent à un arbre et la tuèrent à coups d'arquebuse. — Le père de cette fille infortunée alla sur le champ implorer vengeance, à la porte de tous les villageois. Une foule de paysans armés se rassembla au commencement de la nuit; et de tous les soldats du vil Dupont, aucun ne survécut d'un jour à son capitaine. — On

place cette tragique avanture au 2
août 1588.

23 AOUT. — CLÉLIE DE GRILLA.

Clélie, comtesse de GRILLA, née dans
le Milanais, parlait avec aisance le latin,
le français, l'italien, l'anglais, l'allemand
et l'espagnol ; quelques langues orien-
tales lui étaient même familières. Son
goût embrassait toutes les sciences ; elle
établit à Milan une académie de physique
expérimentale, et protégea les lettres et
les beaux-arts. Cette dame célèbre, que
les savans de toutes les nations recherchèrent, mourut à quatre-vingt-treize
ans, le 23 août 1777.

24 AOUT. — M.me LEMARCHAND.

M.me LEMARCHAND avait autant de
modestie que d'esprit, et d'amabilité
dans le caractère, que de grâces dans

la figure. Elle était fille de l'académicien Duché, qui la consultait souvent sur ses écrits et profitait de ses conseils. Mme Lemarchand composa elle-même plusieurs ouvrages ; mais elle se contentait de les lire à une société choisie, et se refusa toujours à les publier. Un seul, *le comte de Boca*, a vu le jour ; et les agrémens dont il est rempli font regretter que tous les contes de Mme Lemarchand n'aient pas été imprimés. — Elle est morte le 24 août 1761.

25 AOUT. — MARGUERITE D'ANJOU.

MARGUERITE D'ANJOU, fille de René roi de Sicile, princesse courageuse, entreprenante, et d'un caractère inébranlable, épousa Henri VI, roi d'Angleterre, monarque vertueux, mais faible et indolent. Marguerite prit le plus grand empire sur l'esprit de son mari et gou-

verna sous son nom. Elle possédait de
talens politiques et des vertus guerrières
Mais les Anglais lassés d'obéir à une
femme, lorsqu'ils comptaient avoir un
roi, résolurent de changer de maître.
Ils jetèrent les yeux sur Richard duc
d'Yorck, qui se mit aussitôt à la tête
d'une armée, fit prisonnier le roi Henri,
et ne lui laissa que l'appareil de la
royauté. Marguerite, fatiguée de cet
esclavage, résolut de rendre la liberté
à son époux. Elle lève en secret des
troupes, en prend le commandement,
délivre Henri par une victoire, et rentre
triomphante à Londres. Mais au bout de
quelque temps, le parti d'Yorck vint
l'attaquer de nouveau; son armée fut
battue; le roi retomba dans les fers; et
Marguerite, fugitive de province en province, rassembla une seconde armée,
vainquit encore le duc d'Yorck et le tua
à la bataille de Wakefield. Elle vengea

ensuite les défaites de son époux et crut trouver un instant de tranquillité. Vain espoir ! Warwick, qu'elle avait défait plusieurs fois, fit couronner le fils du duc d'Yorck sous le nom d'Édouard IV. Après une sanglante bataille, Marguerite abandonnée des siens, errante encore, portant son fils unique dans ses bras, implora vainement des secours étrangers. Elle parcourut la France et les états de son père et tenta plusieurs fois de vaincre Édouard; après de nouveaux combats et de nouvelles disgrâces, elle fut faite prisonnière, et ne recouvra sa liberté qu'au bout de quatre ans. Sa rançon coûta cinquante mille écus. Elle revint en France, où elle mourut, dévorée de chagrins, le 25 août 1482, à cinquante-neuf ans. Cette reine infortunée qui fut la mère et l'épouse la plus malheureuse, soutint dans douze batailles les droits de son époux et de son fils. On lui re-

proche quelques fautes; mais on ne
peut s'empêcher d'admirer son courage
qui fut toujours au-dessus de ses malheurs.

26 AOUT. — JEANNE D'ESPAGNE.

JEANNE D'ESPAGNE, surnommée
la folle, femme de Philippe, archiduc
d'Autriche, et mère de Charles-Quint,
avait, dit-on, la tête facile à ébranler.
Son époux ayant été empoisonné en
1506, l'esprit de Jeanne déjà très-faible,
acheva de se déranger. Elle aimait éper-
duement Philippe; sa mort la fit tom-
ber dans une espèce de démence; et
souvent pendant le reste de sa vie, il
fallut la veiller avec soin. Elle alla, un
jour de fête, visiter le cercueil de son
époux, et demanda à le voir. On lui fit
de vaines représentations, il fallut ou-
vrir le tombeau; et l'on en tira le cer-

cueil. Quoique le corps n'eut plus de forme, Jeanne le considéra, le toucha même, sans verser une seule larme. Elle se retira ensuite en gémissant. On dit qu'elle espérait que son mari pourrait ressusciter, et qu'elle faisait dire pour cela beaucoup de prières. Mais elle attendit vainement ce prodige; elle mourut, sans avoir retrouvé la raison, le 26 août 1555, à soixante-treize ans.

27 AOUT. — BLANCHEFLEUR.

Flandrine de Flassan de BLANCHEFLEUR, contemporaine de la belle Laure, brilla comme elle par les grâces de sa figure et les charmes de son esprit. On dit qu'elle cultivait les muses avec succès. Les plus grands hommes de son temps admiraient la délicatesse de ses poésies et la beauté de son génie. — Blanche-fleur mourut, selon quelques annales, le 27 août 1370.

28 AOUT. — RÉNÉE D'AMBOISE.

RÉNÉE DE CLERMONT-D'AMBOISE, femme de Montluc, fut par son grand cœur l'étonnement de son siècle, et se montra digne sœur du brave Bussy d'Amboise. Son époux avait pris le parti de la Ligue. Lorsque Henri IV fut maître de Paris, Rénée se présenta devant ce prince et lui parla si habilement en faveur de son mari, que Henri, toujours généreux, lui laissa le gouvernement de Cambrai et lui donna le bâton de maréchal de France. Mais Montluc faisait des fautes sans nombre, pendant que les Français admiraient la sagesse de sa femme. Il opprima tellement les habitans de Cambrai, qu'ils ouvrirent leurs portes aux Espagnols. Rénée défendit la ville avec tous les talens d'un grand capitaine. Elle visitait

les sentinelles et les corps-de-garde ,
haranguait les soldats , et faisait supporter les corvées en y prenant part.
Elle mourut de douleur, lorsqu'il fallut
signer la capitulation , le 28 août 1595.
— Son indigne époux l'oublia bientôt
dans un autre mariage, et traîna encore quelques années d'une vie sans
gloire.

29 AOUT. — NICOLE ETIENNE.

NICOLE ÉTIENNE , fille de l'imprimeur
Charles Étienne , puisa le goût des
belles-lettres dans la maison paternelle,
et se livra avec succès au commerce
des muses. On estima ses vers ; mais il
ne nous reste de ses ouvrages qu'une
Défense des femmes contre leurs dé-
tracteurs. — Nicole Étienne mourut,
le 29 août 1590.

2.   8

3o AOUT. — CATHERINE BERNARD.

CATHERINE BERNARD, née à Rouen vers le milieu du dix-septième siècle de l'académie des Ricovrati de Padoue s'est fait un beau nom par ses talen pour la poésie. L'académie des Jeu Floraux et l'académie française la cou ronnèrent plusieurs fois. Elle fit joue au théâtre Français deux tragédies *Brutus* et *Laodamie* ; la premièr sur-tout eut un succès extraordinaire Son *Placet à Louis XIV*, qui se trouv dans le recueil des vers choisis du père Bouhours est plein de légèreté, et de délicatesse. Mlle Bernard a laissé encore deux romans : *le Comte d'Amboise*, et *Inès de Cordoue*. On lui attribue aussi *la Relation de l'île de Bornéo*, que d'autres donnent à Fontenelle. — Mlle Bernard fut enlevée aux lettres, le 3o août 1712.

31 aout. — ISABELLE ANDREINI.

Isabelle Andreini, née à Padoue en 1562, fut la plus célèbre comédienne de son temps. Elle reçut une excellente éducation, et ses talens ne se bornèrent pas à ceux du théâtre. Elle se distingua dans la littérature et composa des *Sonnets*, des *Madrigaux*, des *Chansons* et une pastorale intitulée : *Myrtille*. Après avoir brillé sur différens théâtres d'Italie, elle vint en France avec son mari François Andreïni, comédien et auteur distingué. On admira autant les talens d'Isabelle que la sagesse de sa conduite. Elle s'acquit l'estime et l'admiration de ceux qui la connurent. L'académie des *Intenti* de Padoue l'admit dans son sein. Cette actrice illustre mourut à Lyon le 31 août 1604, à l'âge de quarante-deux ans. Son mari qui la regretta vivement, lui composa une épitaphe où il célébra ses vertus, son esprit et ses grâces.

I.ᵉʳ SEPTEMBRE. — LAURE.

La Belle Laure, plus connue sous ce nom que sous celui de Laure de Noves, qui était celui de sa famille, naquit, en 1308, auprès d'Avignon, et fut mariée à Hugues de Sade, seigneur de Saumane. Sa beauté, ses grâces, son esprit, sa vertu, entraînaient tous les cœurs. Elle avait la démarche noble, le maintien modeste, la voix touchante, la physionomie douce, les traits fins et réguliers, les yeux brillans, le regard tendre. C'est le portrait qu'en fait Pétrarque. Elle avait dix-neuf ans, lorsque ce poète la vit, et conçut pour elle ce violent amour, qu'il a soupiré avec tant de charmes, qui brûla si constamment dans son cœur, et qui ne s'éteignit qu'à la mort. Pétrarque avait consacré les chants de sa muse à la belle Laure; il la célébra dans trois cent dix-huit sonnets et dans quatre-vingt-huit chansons ; qui ont immortalisé l'amanté et l'amant. Laure, quoiqu'aimée du plus aimable poète de son temps, n'en fut pas moins toujours aussi vertueuse que belle. Quelques paroles aimables, quelques regards, c'est tout ce qu'elle accorda à celui qui la chantait. Elle mourut de la peste, à Avignon, âgée de quarante ans, le 1.er septembre 1348. Pétrarque, qui l'aimait depuis vingt ans, la pleura jusqu'à ses derniers jours. — Les amours de *Pétrarque* et de *Laure* viennent d'inspirer un nouveau roman à M.me de Genlis.

2 SEPTEMBRE. — SOPHIE CHÉRON.

Élisabeth-Sophie Chéron, fille d'un peintre en émail, de la ville de Meaux, apprit de lui l'art de la peinture, et le surpassa à quatorze ans. Lebrun la fit recevoir dix ans plus tard à l'Académie de peinture ; et son nom se répandit bientôt en Europe. Mlle Chéron partageait son temps entre les beaux-arts, l'étude des langues savantes, la musique et les belles-lettres. Ses tableaux sont remarquables par la pureté du dessin et le beau ton des couleurs. Elle prenait également toutes les manières de peindre ; mais elle excellait dans les tableaux d'histoire, dans la miniature en émail, et dans les portraits de femme. Nous lui devons le seul qui nous reste de Mme Deshoulières. On dit qu'elle peignait, avec une ressemblance frappante, les absens qu'elle avait vus quelquefois. Ses poésies lui méritèrent de l'académie de Padoue, qui lui ouvrit ses portes, le surnom d'*Érato*. On a de cette fille célèbre, en fait de littérature, *des Pseaumes et des Cantiques mis en vers*, une *Ode* sur le jugement dernier, et un charmant petit poëme badin, intitulé : *les Cerises renversées*. Louis XIV accorda aux talens de Mlle Chéron une pension de cinq cents livres. Elle mourut à Paris, le 2 septembre 1711, à soixante-trois ans, aussi regrettée pour les qualités de son cœur que pour son esprit et ses talens. On a mis ces vers au bas de son portrait :

De deux talens exquis l'assemblage nouveau,
Rendra toujours CHÉRON l'ornement de la
  France.
Rien ne peut de sa plume égaler l'élégance,
    Que les graces de son pinceau.

3 SEPTEMBRE. — LA PRINCESSE DE LAMBALLE.

Marie - Thérèse - Louise de Savoie-Carignan, princesse de LAMBALLE, veuve de Louis-Alexandre-Joseph-Stanislas de Bourbon-Penthièvre, née en septembre 1749, était surintendante de la maison de la reine, à l'époque de la revolution. Le 20 juin 1791, on l'avait prévenue secrètement du départ de Louis XVI pour Varennes; elle avait promptement gagné Dieppe et s'était retirée en Angleterre. Mais, dès qu'elle apprit le retour de Louis, elle revint partager les chagrins de la reine, et la suivit au Temple, après le 10 août 1792. La commune de Paris l'en arracha quelques jours après, et la fit conduire à la Force. — Le 3 septembre suivant, on la fit lever de grand matin, on la traîna dans les cours de cette prison, où elle fut égorgée.... « Le sincère attachement » de la princesse de Lamballe pour la » reine, fut son seul crime. Au milieu » de nos agitations, elle n'avait joué » aucun rôle; rien ne pouvait la rendre » suspecte aux yeux du peuple, dont » elle n'était connue que par des actes

» multipliés de bienfaisance. Les écri-
» vains les plus fougueux ne l'avaient
» jamais attaquée dans leurs feuilles.
» Le 3 septembre, on l'appelle au greffe
» de la Force; elle comparaît devant le
» sanglant tribunal. A l'aspect des bour-
» reaux, couverts de sang, il fallait un
» courage surnaturel pour ne pas suc-
» comber; plusieurs voix s'élèvent de
» la foule et demandent sa grâce. Un
» instant indécis, les assassins s'arrêtent;
» mais bientôt, frappée de plusieurs
» coups de sabre, elle tombe baignée
» dans son sang, et expire. Aussitôt on
» lui coupe la tête.... pour la montrer
» à Louis XVI et à la reine... » (MERCIER,
Nouveau Tableau de Paris.) Mme de
Lamballe était belle, douce, modérée.
Son nom est resté sans tache. On osa
l'assassiner; on n'osa pas flétrir sa mémoire.

4 SEPTEMBRE. — LA DUCHESSE DE RETZ.

Mlle de Clermont-Tonnerre, femme d'Albert de Gondy, duc et maréchal de Retz, fut l'un des ornemens du seizième siècle, par ses talens et son amour pour les belles-lettres. Les ambassadeurs de Pologne étant venu annoncer au duc d'Anjou (depuis Henri III), que les Polonais l'avaient choisi pour les gouverner, la duchesse de Retz fut seule, au milieu de tous les hommes de la cour, en état de répondre, en latin, aux ambassadeurs qui avaient employé cette langue. — Elle mourut le 4 septembre 1615.

5 SEPTEMBRE. — Mme DE MONTMORT.

MADAME DE MONTMORT se distingua, au commencement du dernier siècle, par une imagination riante et un esprit facile. Elle a laissé des romans et des contes, où l'on remarque un style piquant et une narration agréable. Mais l'ouvrage le plus estimé de M.ᵐᵉ de Montmort est une comédie intitulée : *Héraclite et Démocrite,* que l'on a peut-être tort de ne plus jouer. — Cette dame fut enlevée au culte des muses, le 5 septembre 1733.

6 SEPTEMBRE. — CATHERINE PARR.

CATHERINE PARR, sixième femme de Henri VIII, roi d'Angleterre, avait du penchant pour le luthéranisme. Henri, également ennemi de la religion catholique et de la réforme de Luther, fut sur le point d'immoler Catherine à la nouvelle religion qu'il fondait chez les Anglais. Ce prince, surchargé d'embonpoint, souvent malade, trouvait le soulagement de ses maux dans les soins

complaisans de son épouse. Malheureusement elle ne pensait pas tout-à-
fait comme lui, et il aimait à parler
sans cesse de théologie. Dans la chaleur
d'une conversation, la reine laissa trop
voir ses sentimens; le cruel monarque
la soupçonna d'hérésie; on dressa bien
vîte contre elle un acte d'accusation :
Henri le signa, et Catherine allait périr,
peut-être, sur le bûcher, si le papier
qui portait sa sentence n'était tombé
de la poche du chancelier. Un des amis
de la reine l'ayant ramassé, le lui remit
en secret. Catherine ne perdit pas courage, à la vue du péril qui la menaçait,
et se sauva par la feinte; elle fit une
visite au roi, dans un moment où il
était tranquille. La conversation tomba
encore sur les matières théologiques.
Catherine refusa modestement de dis-
puter de nouveau. «Une femme doit
» suivre les principes de son époux, lui

» dit-elle, sur-tout lorsqu'il a, comme
» vous, de grandes lumières. Si quel-
» quefois je me suis amusée à discourir
» avec vous sur ces objets, alors je cher-
» chais à m'instruire ; je vous contre-
» disais même pour animer nos discus-
» sions, et vous donner le plaisir de me
» réfuter ; mais vous êtes trop fort pour
» que je lutte plus long-temps contre
» vous. » — Oh ! en ce cas, mon cœur,
s'écria Henri, nous sommes toujours
bons amis.... Il l'embrassa, là-dessus,
et jura de l'aimer constamment. — Catherine Parr ne survécut pas long-temps
à Henri VIII. Elle mourut le 6 septembre 1547, dans un âge peu avancé.

7 SEPTEMBRE. — JACQUELINE PASCAL.

JACQUELINE PASCAL, sœur de l'immortel Blaise Pascal, partagea avec succès
les soins que leur père donnait lui-

même à l'éducation de ses enfans. Dè
l'âge de douze ans, Jacqueline faisai
des vers que le public estima. Elle étai
à peine dans sa quinzième année, lors
qu'elle remporta le prix de poésie, à
l'académie de Caen. — La réputation
de cette jeune fille s'étendait en France,
et plusieurs riches partis songeaient à
la demander en mariage; mais elle
renonça au monde, pour s'enfermer dans
l'abbaye de Port-Royal-des-Champs, où
elle fut connue sous le nom de sœur
Sainte-Euphémie, et composa des
Cantiques spirituels que l'on chante
encore dans quelques paroisses. — Cette
fille, aussi sainte que spirituelle, mourut à trente-six ans, le 7 septembre 1661.

8 SEPTEMBRE. — ADÈLE DE PONTHIEU.

Adèle ou Adélaïde de Ponthieu, se fit
une grande réputation dans le treizième

siècle, par sa beauté, son esprit, et ses qualités aimables. Elle suivit son époux et son père aux croisades, où elle fut la victime des plus noires perfidies. On l'avait accusée d'un crime contre l'honneur du mariage; son père, indigné, la condamna à mourir; son époux se contenta de la faire vendre au Soudan d'Égypte. Mais ses vertus, méconnues dans sa famille, furent admirées des Musulmans. Le bruit de sa sagesse parvint jusqu'à son époux, qui se repentit des indignes traitemens qu'il lui avait fait souffrir, et partit pour la racheter. Le Soudan la lui rendit sans rançon; il la ramena en triomphe sur le sol français, et chercha à réparer ses torts envers elle. — Cette histoire intéressante a inspiré un roman, une tragédie et un grand opéra. — Adèle de Ponthieu mourut, dit-on, le 8 septembre 1252.

9 SEPTEMBRE. — Mme DU CHASTELET.

Gabrielle-Émilie de Breteuil, marquise du CHASTELET, fut recherchée de bonne heure pour son esprit et ses grâces. Elle montra, dès son enfance, un grand amour pour l'étude, lut avidement les bons auteurs anciens et modernes, et s'appliqua sur-tout à bien comprendre les mathématiciens et les philosophes. Elle publia bientôt ses *Institutions de Physique*, d'après les principes de Leibnitz, et fit admirer la profondeur de son esprit. Mais, ayant ensuite abandonné Leibnitz, elle traduisit et commenta les *Principes* de Newton; cet ouvrage, publié après sa mort, en 2 volumes *in*-4.°, suffirait pour immortaliser son nom. Mme du Chastelet avait beaucoup d'éloquence; mais elle ne la déployait que pour des objets qui en valaient la peine. Elle parlait avec force, justesse, précision, et sentait vivement les charmes de la poésie. Elle mit ces vers sur la porte de ses jardins de Cirey :

> Du repos, une douce étude,
> Peu de livres, point d'ennuyeux ;
> Un ami dans ma solitude,
> Voilà mon sort : il est heureux.

Elle n'eut point ce défaut qu'on reproche à notre sexe, de tout critiquer dans les autres femmes. Mais elle eut le malheur d'aimer le jeu, qui lui causa bien des chagrins et lui fit perdre bien de l'argent. Sa liaison avec Voltaire, qui fut d'abord de l'amitié et qui dégénéra en amour, dura près de vingt ans. Voltaire l'a chantée plusieurs fois. — Elle mourut à quarante-trois ans, le 9 septembre 1749.

10 SEPTEMBRE. — Mme DE SAINT-CHAMONT.

— SAINTE-PULCHÉRIE.

La marquise de SAINT-CHAMONT, née Mazarelli, montra dans le denier siècle, de véritables talens pour la belle littérature, et fit jouer plusieurs pièces de théâtre, qui toutes furent accueillies du public. Elle composa aussi un *Éloge de Descartes*, que la plupart des hommes de lettres d'alors entourèrent de leurs suffrages. — Cette dame, dont le théâtre a oublié trop tôt le nom, mourut le 10 septembre 1765.

— PULCHÉRIE, fille de l'empereur Arcadius, et sœur de Théodose le jeune, fut proclamée Auguste en 414, et partagea avec son frère la puissance impériale. Le gouvernement de Pulchérie, qui regna encore après la mort de Théodose, fit le bonheur du peuple et mérita les plus grands éloges. Cette princesse aimait les lettres, les cultivait et protégeait les savans. Elle mourut regrettée, le 10 septembre 454, après quarante ans de règne. Sa piété et son zèle pour la religion l'ont mise au rang des saintes.

11 SEPTEMBRE. — MARGUERITE DE FRANCE.

MARGUERITE DE FRANCE, fille de François I.er, née en 1523, cultiva les lettres avec succès, et fit du bien aux savans et aux poètes. Elle avait trente-six ans, lorqu'elle épousa Emmanuel-Philibert, duc de Savoye, dont elle fit le bonheur par ses vertus et ses lumières. Ses sujets l'avaient surnommée *la Mère des peuples*, et son époux jouissait avec elle de l'amour de la Savoye, lorsque Marguerite mourut d'une pleurésie, le 11 sep-

tembre 1574, à cinquante - un ans. —
Cette princesse savait le grec, le latin,
et plusieurs langues modernes.

12 SEPTEMBRE. — Mme NECKER.

SUSANNE NECKER, femme du ministre
de ce nom, née à Genève, fut élevée
avec soin par son père, et montra autant de vertus que de talens et de connaissances. Elle avait épousé Necker,
lorsqu'il n'était que simple commis d'un
banquier Suisse. Il devint directeur des
finances de France, sans qu'elle en eût
plus d'orgueil. Elle ne se servit de son
pouvoir que pour faire plus de bien,
contribua à l'amélioration des hôpitaux,
et fonda à ses propres frais un hospice de
charité auprès de Paris. Plusieurs hommes de lettres se lièrent avec Mme Necker, et principalement Buffon et Tho-
mas. Elle appelait ce dernier *l'homme du*

siècle, et Buffon *l'homme des siècles.* Elle avait le cœur bon, l'humeur obligeante, une douce philosophie, de l'esprit sans vanité, de l'indulgence, de la sensibilité sans affectation. Après la retraite de son mari, elle le suivit à Coppet en Suisse, et y mourut le 12 septembre 1794. — On lui doit plusieurs ouvrages. 1.° *des Inhumations précipitées ;* 2.° *Mémoires sur l'établissement des hospices;* 3 ° *Réflexions sur le divorce ;* 4.° huit volumes de *Mélanges,* publiés après sa mort. — Mme Necker fut mère de Mme de Staël, et c'est, sans contredit, son meilleur ouvrage.

13 SEPTEMBRE. — MARIE D'AUTRICHE.

MARIE D'AUTRICHE, fille de Philippe roi d'Espagne, et sœur de Charles-Quint, naquit à Bruxelles le 13 septembre 1503. Belle, sage et remplie de talens, elle épousa à dix-huit ans Louis, roi de Hongrie et de Bohême. Veuve au bout de cinq ans, Marie pleura amère-ment son époux, et ne voulut jamais consentir à se remarier, quoiqu'elle fût recherchée par plusieurs grands princes. Charles-Quint lui remit, en 1531, le gouvernement des Pays-Bas. Elle rendit ses peuples heureux par sa prudence et sa bonté. Elle seconda son frère avec succès dans les guerres qu'il entre-prit. Après avoir gouverné pendant vingt-quatre ans, elle passa en Espa-gne pour chercher le repos. — Marie mourut à Madrid, en 1558, peu de jours après la mort de Charles-Quint.

14 SEPTEMBER. — Mme DU BOIS DE LA PIERRE.

Louise Marie DU BOIS DE LA PIERRE, née en 1664, au château de Courteilles en Normandie, perdit son mari à la bataille de Malplaquet ; et résolue malgré sa jeunesse, de garder le veuvage, elle chercha les consolations et le bonheur dans l'étude et le commerce des lettres. La nature lui avait donné du goût, un esprit appliqué, et du talent pour la poésie. Néanmoins ses vers ne sont pas son premier titre de gloire. Sa prose, qu'on lit toujours avec charmes, est élégante et digne des bons écrivains. On fait le plus grand cas de ses *Mémoires pour servir à l'histoire de la Normandie*, et de ses autres ouvrages historiques. — Cette femme célèbre mourut le 14 septembre 1730.

15 SEPTEMBRE. — Mme DE RANDAN.

Fulvie de la Mirandole, comtesse de RANDAN, veuve à vingt-deux ans de Charles de La Rochefoucauld, resta fidèle

à la mémoire de son mari, et fut pa[r]
ses vertus l'ornement de la cour d[e]
Henri III. Elle passa les premières années de son veuvage dans les soins qu[e]
demandait l'éducation de ses enfans, e[t]
se livra ensuite toute entière aux charmes de l'étude. Henri III, plein d'admiration pour ses vertus, l'avait nommée dame d'honneur de la reine. Ell[e]
fut dans cette place le modèle de[s]
femmes de la cour, qui ne l'imitèren[t]
pas toutes. — La comtesse de Randan
mourut à soixante-sept ans, le 15 septembre 1607. — Des romanciers on[t]
donné à Bayard une maîtresse nommée aussi comtesse de Randan.

16 SEPTEMBRE. — LA COMTESSE DE
MURAT.

Henriette Julie de Castelnau, comtesse de MURAT, née en 1630, honora

le Parnasse français par ses agréables productions. On a d'elle des *Chansons* et diverses *Poésies*, qui se trouvent dans différents recueils. On y trouve de la légèreté, de l'agrément, de la finesse. Mais le genre où cette muse excella le plus, fut celui des romans. *Les Lutins de Kernosi* en deux parties *in*-12, le *Voyage de campagne*, 2 vol. *in*-12, sont deux romans pleins d'esprit et de grâces. Elle a encore laissé *des Contes de Fées*, deux volumes *in*-12, qui sont pétillans d'imagination, et fort amusans. La comtesse de Murat, mourut le 16 septembre 1716, âgée de quarante-cinq ans.

7 SEPTEMBRE. — MARIE L'HÉRITIER.

Marie-Jeanne L'HÉRITIER, née à Paris en 1664, d'une famille célèbre dans la littérature et les beaux-arts, montra du

2.

goût pour la poésie, dès ses plus jeune
années. Elle en fit toujours ses délices
et se livra entièrement au commerc
des muses. Ses talens, ses mœurs pures
son caractère doux, et la noblesse d
ses sentimens, lui acquirent une gloir
sans tache. Elle fut reçue à l'académi
des Jeux floraux en 1696, et l'année su
vante à celle des *Ricovrati* de Padoue
On a d'elle *une traduction des Épître
amoureuses d'Ovide, le Tombeau d
duc de Bourgogne, la Pompe Dau
phine, le Triomphe de Mme Deshou
lières, l'Avare puni, la Tour téné
breuse*, conte Anglais, *et les Caprice
du Destin*. La plupart des ouvrages d
Mlle l'Héritier sont mêlés de prose et d
vers. Son style a de l'élégance et de l
grâce. Ses pensées sont fines, ingénieu
ses, et bien exprimées. Cet aimable au
teur fut plus favorisé des muses que d
la fortune; elle vécut dans la plus stricte

médiocrité, et l'on dit qu'a sa mort, elle ne possédait qu'une pension de quatre cents francs. Elle fut enlevée aux lettres le 17 septembre 1734, à l'âge de soixante ans.

18 SEPTEMBRE. — JEANNE DE MONT-FORT.

JEANNE, fille de Louis de Flandre, comte de Nevers, née vers le commencement du quatorzième siècle, fut élevée dès sa plus tendre enfance à manier les armes, à connaître les manœuvres de la guerre, à poursuivre et à combattre les animaux les plus féroces. Elle s'accoutuma de bonne heure à supporter les plus rudes fatigues. Elle se tenait parfaitement à cheval, et surpassait beaucoup d'hommes par la force et l'adresse. Elle fut mariée à Jean de MONT-FORT duc de Bretagne. Ce mariage lui

donna occasion de déployer les talens
militaires qu'elle avait acquis par sa
mâle éducation. Devenue veuve à la
fleur de son âge, et chargée de la tu-
telle de son fils unique, Jeanne se vit
dans la nécessité de s'armer contre le
comte de Blois, et d'autres seigneurs
ambitieux, qui cherchaient à la dé-
pouiller de ses états. Elle prit le commandement de son armée, remporta
plusieurs victoires sur mer et sur terre,
et rentra triomphante dans toutes ses
possessions. On raconte de cette amazone, deux actions qui égalent les faits
les plus héroïques : la ville d'Hennebond
qu'elle défendait, allait être prise d'assaut, lorsque Jeanne suivie de trois cents
gendarmes, sortit de la place par une
poterne, et se jeta à l'improviste dans
le camp des assiégeans, ce qui obligea
ces derniers à quitter la brèche pour défendre leur quartier. Poursuivie à son

tour, elle s'enfuit par des défilés, marchant toujours à la tête de sa petite troupe, l'épée à la main. Deux de ses gens seulement, restés prisonniers, apprirent aux ennemis que ce coup brillant, était l'ouvrage d'une femme..... Quinze jours après, à la tête d'un corps de cavalerie de cinq cents chevaux, elle força une seconde fois les lignes des assiégeans, rentra en triomphe dans la ville, qui, animée de son exemple, se défendit avec tant de courage, qu'elle évita d'être prise. — Quelques annalistes placent la mort de cette héroïne, au 18 septembre 1357.

19 SEPTEMBRE. — LADY SALTON.

LADY SALTON, savante anglaise, se fit un nom dans les sciences utiles. Elle résolut d'étendre l'industrie de son pays, et voyant, à regret, que l'on ignorât

en Angleterre et en Irlande l'art de fa-
briquer et de blanchir les toiles, elle
prit la généreuse résolution de s'expa-
trier quelques années, et d'aller chez
les Flamands et les Hollandais apprendre elle-même les secrets qui firent depuis la prospérité de l'Angleterre. Elle
sacrifia une partie de ses biens pour ef-
fectuer son projet, et lorsqu'elle eut acquis les connaissances qu'elle désirait,
elle revint les communiquer à ses compatriotes, qui la reçurent en triomphe,
et lui vouèrent une reconnaissance éter-
nelle. On croit que lady Salton mourut
le 19 septembre 1594.

20 SEPTEMBRE. — **BLANCHE CAPELLO.**

BLANCHE CAPELLO, issue d'une des
plus anciennes familles de Venise, parvint à la grandeur suprême par une
suite de singulières aventures. Un jeune

Florentin, nommé Pierre Bonaventuri, d'une famille honnête, mais pauvre, habitait en face du palais Capello. Il vit Blanche, fut épris de sa rare beauté, en devint amoureux, et lui avoua sa passion. La figure de Bonaventuri était si intéressante, qu'il fut écouté favorablement. Blanche l'aima dès cette première entrevue, et se défia d'autant moins de son penchant, qu'elle prit Bonaventuri pour un riche banquier, dont il était le commis. Mais, bientôt désabusée sur ce point par Bonaventuri lui-même, elle perdit l'espoir de l'épouser, et lui défendit de la voir. Cependant elle l'aimait. Bonaventuri, brûlant d'un amour qu'il ne pouvait dompter, écrivit à Blanche un billet pour la supplier de lui donner encore un entretien. Il la rassurait en même temps sur sa démarche, et lui jurait que sa vertu ne serait pas compromise

dans ce rendez-vous. Blanche, trop faible pour refuser cette grace à celui
qu'elle aimait, sortit de sa chambre
au milieu de la nuit, laissant la porte
entr'ouverte pour son retour, et vit Bonaventuri, dont elle ne put calmer la
douleur, ni ranimer les espérances.
Après un entretien où ils n'avaient fait
que se désoler mutuellement, Blanche
voulut rentrer chez elle ; la porte se
trouva fermée.... Il fallait prendre un
parti ; elle fut prompte à se décider.
Elle engagea sa foi à Bonaventuri, et
lui proposa de fuir avec elle. Ils se rendirent sur-le-champ à Florence ; un prê-
tre les maria, et Bonaventuri conduisit
sa jeune épouse chez son père, qui vi-
vait dans un état voisin de l'indigence.
Blanche , consolée par l'amour, se
chargea sans murmurer des plus pénibles soins du ménage, et vécut ainsi
quelque temps, sans oser se montrer.

Un jour que François II, de Médicis, grand-duc de Toscane, passait sous ses fenêtres, elle en fut remarquée ; sa grande beauté enflamma le cœur du prince qui voulut la connaître, et lui déclara son amour. Mais Blanche était vertueuse, et elle était épouse. Elle rejeta les vœux du grand-duc, qui ne se lassa point, donna à Bonaventuri un poste important à la cour, et releva la fortune de Blanche. Bonaventuri ne jouit pas long-temps de son élévation ; la présomption et l'arrogance s'emparèrent de lui avec la fortune : il se fit de nombreux ennemis, et fut poignardé de nuit dans les rues de Florence. — Quelques années après, le grand-duc devenu veuf, et plus amoureux que jamais, épousa Blanche, et la fit déclarer grande-duchesse de Toscane, reine de Chypre, etc. Il vécut toujours dans la plus douce union avec sa nouvelle épouse, et rien n'eût troublé leur bonheur, sans la haine que leur portait le cardinal Ferdinand de Médicis, frère du grand-duc. Cet homme, qui voyait dans sa maison plusieurs alliances avec les têtes couronnées, ne parlait qu'avec mépris de la vertueuse Blanche. Dans un voyage qu'il fit à Florence, les deux époux, qui ne soupçonnaient pas en lui un ennemi, l'invitèrent à une partie de campagne, et lui donnèrent un festin où ce monstre les empoisonna.... Blanche mourut, cinq heures après son époux, le 20 septembre 1585.

21 SEPTEMBRE. — ANNE DE ROHAN.

ANNE DE ROHAN, fille de Réné de Rohan et de Catherine de Parthenay, née en 1584, se rendit aussi célèbre par ses vertus et son courage que par son érudition et son goût pour les belles-lettres.

Elle était auprès de sa mère dans La Rochelle assiégée, et elle soutint avec une fermeté héroïque toutes les incommodités du siège. Anne de Rohan était très-versée dans les langues anciennes. On dit qu'elle ne lisait la Bible qu'en hébreu. Son talent pour la poésie n'était pas moindre que son érudition. Elle composa sur la mort funeste de Henri IV, un *poëme* où l'on reconnut du génie, de beaux traits et des vers admirables. Cette femme célèbre, qui fut recherchée de toutes les personnes lettrées de son siècle, mourut à Paris, le 21 septembre 1646, à soixante-deux ans.

22 SEPTEMBRE. — LA REINE NANTILDE.

NANTILDE, reine de France, femme de Dagobert 1.ᵉʳ, gouverna le royaume avec habileté pendant la minorité de son fils Clovis II. Les peuples, qui lui

furent soumis cinq ans, furent sous ses
lois exempts de troubles et de guerres ;
on bénissait son administration, aussi
douce que sage, lorsqu'elle mourut le
22 septembre 641, avec la réputation
d'une grande reine et d'une princesse
vertueuse.

23 SEPTEMBRE. — LOUISE DE SAVOYE.

LOUISE DE SAVOYE, duchesse d'Angoulème, mère de François I.er, soigna
elle-même l'éducation de son fils, et
lui inspira le goût des beaux-arts et des
lettres, qu'il protégea toujours. Elle fut
nommée régente de France, pendant
l'expédition des Français dans le Mila-
nez, et gouverna avec assez de bonheur. Elle eut sur-tout besoin de sagesse, lorsque François I.er eut été fait
prisonnier à Pavie; mais tous les Français, touchés des malheurs de la France,

secondèrent les efforts de la régente pour maintenir la paix, et lui accordèrent libéralement les secours qu'elle demanda. Louise ayant rassemblé de grandes sommes d'argent et pourvu à la tranquillité publique, négocia la paix entre la France et l'Autriche, et la fit conclure en août 1529. — Louise de Savoye avait de l'esprit et de la beauté ; mais on lui reproche quelques intrigues galantes qui ternissent sa mémoire. — Elle mourut le 23 septembre 1532, à cinquante-cinq ans. On trouve les *Mémoires de Louise de Savoye*, écrits par elle-même, d'une manière intéressante et d'un style naïf, dans le seizième tome de la Collection des Mémoires historiques relatifs à l'Histoire de France.

24 SEPTEMBRE. — GABRIELLE PATIN.

GABRIELLE PATIN, fille du savant Charles Patin, publia des ouvrages d'érudition qui lui ouvrirent les portes de l'Académie de Padoue. On remarque, parmi ses productions, le *Panégyrique de Louis XIV*, et une *Dissertation* sur le phœnix d'une médaille de Caracalla. — Elle mourut le 24 septembre 1699.

— CHARLOTTE PATIN, sa sœur, fut aussi de l'Académie des Ricovrati de Padoue. On lui doit une *Harangue* latine sur la levée du siège de Vienne, et un *in-folio*, sur quelques chefs-d'œuvres de peinture.

— La mère de ces deux filles savantes partagea souvent leurs travaux, fut membre de la même Académie, et publia en particulier, des *Réflexions morales et chrétiennes*, où l'on trouve des pensées profondes, et une philosophie douce.

25 SEPTEMBRE. — CASSANDRE FIDÈLE.

CASSANDRE-FIDÈLE, née à Venise, dans le quinzième siècle, fut l'une des plus savantes femmes de son temps, et s'appliqua avec succès aux langues grecque et latine, à l'histoire, à la théologie, à la philosophie. Elle unissait des talens agréables à ces sciences sévères ; et sa voix charmante se mariait au luth et à la lyre, dont elle pinçait avec adresse. Jules II, Léon X, François I.ᵉʳ, Louis XII, et plusieurs autres souverains, lui témoignèrent leur admiration. Une foule de savants la visitèrent comme l'honneur de son sexe, de son pays et de son siècle. On a publié les *Discours*, les *Lettres* et la vie de Cassandre-Fidèle. Elle avait épousé un médecin, dont elle fut veuve à cinquante six-ans. Elle se retira alors chez les Dominicaines, qui la nom-

mèrent leur supérieure; elle y finit sa
carrière, le 25 septembre 1567, à l'âge
de cent deux ans.....

26 SEPTEMBRE. — VÉRONIQUE MALÉ-GUZZI.

VÉRONIQUE MALÉGUZZI-VALÉRI, née en
1630, à Reggio, se fit un nom par son
éloquence et la beauté de son esprit. Elle
soutint avec le plus grand succès, deux
thèses publiques sur les arts libéraux,
et fit admirer son érudition, aussi bien
que sa facilité. La première de ces thèses
est dédiée à Marguerite Farnèse, duchesse de Parme; la seconde à la reine
de France. On doit encore à cette fille
célèbre un drame en prose, intitulé
L'innocence reconnue. Elle n'avait pas
vingt-cinq ans, lorsqu'elle le fit repré-
senter. — Cette savante termina ses jours
sous l'habit religieux, le 26 septembre 1690.

27 SEPTEMRRE. — Mme DE MONTENCLOS.

MADAME DE MONTENCLOS, se fit remarquer dans le dernier siècle par un esprit aimable et badin, qui savait rendre piquantes les choses les plus communes, et faire ressortir les moindres frivolités. Elle publia le *Journal des Dames*, qui eut bientôt tout le succès désirable, parce qu'elle l'enrichissait de sa prose légère et de ses vers agréables. Quand la vieillesse eut refroidi son imagination, elle quitta la rédaction de son journal; mais le public y vit de temps en temps avec plaisir des morceaux de cette dame, qui, brillant vers sa fin, d'un éclat moins vif, avait encore ce charme dont on ne se lasse point. — Mme de Montenclos mourut le 27 septembre 1788.

28 septembre. — Mme DURAND.

CATHERINE DURAND écrivait avec esprit et tenait de la nature un talent remarquable pour les romans. On lui doit en ce genre : *La comtesse de Mortagne,* *les Mémoires de la cour de Charles VII,* *le Comte de Cardonne ou la constance victorieuse, les Belles Grecques ou Histoire des plus fameuses Courtisannes de la Grèce, les Amours de Grégoire VII,* etc. Nous avons de cette même dame des *Comédies* en prose et des *Proverbes dramatiques* qui eurent du succès. Elle fit aussi des vers ; mais ils sont oubliés. — Catherine Durand mourut le 28 septembre 1719.

29 septembre. — ANNE MUSNIER.

ANNE MUSNIER a laissé un nom respectable par sa fidélité envers son souverain. Trois hommes s'entretenaient dans une allée des jardins du comte de Champagne, du projet qu'ils avaient fait d'assassiner ce prince. Anne Musnier, cachée derrière un arbre, avait entendu leur conversation. Elle accourut, poussant de grands cris, frappa le premier d'un couteau qu'elle avait à la main, et l'étendit à ses pieds. Les deux autres se jettent à l'instant sur cette femme ; mais elle se défend contre eux, quoique blessée de plusieurs coups, jusqu'à ce qu'enfin plusieurs personnes arrivent à son secours. On fouille sur le champ les assassins, on trouve les preuves de leur crime, on les livre à la justice..... Le comte de Champagne récompensa l'action héroïque d'Anne Musnier, en lui donnant des lettres de noblesse.— Quelques-uns ont placé la mort de cette femme célèbre, au 29 septembre 1347.

30 SEPTEMBRE. — JEANNE DE BOURBON

JEANNE DE BOURBON, femme de Charles le-Sage, roi de France, née en 1337, fut une des plus belles princesses de l'Europe, et mérita, par des qualités plus solides encore, l'estime et la confiance de son époux. Ce prince, qui l'appelait *le Soleil de la France*, n'entreprenait rien sans la consulter, et la conduisait aux séances du parlement, où il lui faisait prendre séance à côté de lui. — Cette reine mourut à Paris, regrettée de son époux, pleurée de ses sujets, le 30 septembre 1577, n'ayant encore que quarante ans.

— ISABELLE OU ISABEAU DE BAVIÈRE, reine de France, femme de Charles VII, mourut à Paris, le 30 septembre 1435, âgée de soixante-quatre ans, avec la haine des Français qu'elle avait trahis, et le mépris des Anglais, à qui elle avait vendu la France.

1.ᵉʳ OCTOBRE. — CHRISTINE DE PISAN.

CHRISTINE DE PISAN, née à Venise, en 1363, était fille d'un fameux astrologue, qui l'amena en France à cinq ans. Son père ayant gagné les bonnes grâces de notre Charles V, Christine fut élevée à la cour, dont elle fit bientôt l'ornement par son esprit et sa beauté. Plusieurs personnes de distinction la recherchèrent en mariage; elle préféra un jeune picard, nommé Étienne Castel, à cause de son mérite, et lui donna sa main, quoiqu'elle n'eut que quinze ans. Une maladie contagieuse emporta cet époux bien aimé, après dix ans de mariage; et Christine, qui voulut rester veuve, fut accablée d'un grand nombre de procès. Elle y perdit la plus grande partie de sa fortune; mais elle s'en consola par l'étude, et composa un grand nombre d'ouvrages, en vers et en prose. La beauté de son génie lui attira l'estime de plusieurs princes, qui élevèrent ses enfans, et lui firent de petites pensions. Christine de Pisan savait le grec, le latin et plusieurs autres langues. Elle fut enlevée au Parnasse français, le 1.er octobre 1412. — Ceux de ses ouvrages que l'on a publiés sont *les cent Histoires de Troye*, en rimes; *le Trésor de la cité des Dames*; *le Chemin de longue étude*; quelques *Poésies*; et une *Vie de Charles V*, dont on fait le plus grand cas. On trouve, dans Christine de Pisan, un cœur tendre, un style naïf, une imagination riante, et beaucoup de naturel.

2 OCTOBRE. — M.lle DE LUBERT.

M.lle DE LUBERT, née au commencement du dix-huitième siècle, préféra sa liberté aux soins du mariage, et voulut mourir dans le célibat. Elle aimait les champs et la solitude : elle se fixa à la campagne, et partagea son temps entre les plaisirs qu'on y trouve, et les charmes de l'étude. On lui doit plusieurs ouvrages de féerie, écrits d'une manière agréable, et que peu de femmes ont négligé de lire : *la Tyrannie des Fées détruite*, *Blancherose*, *le Prince glacé*, *la Princesse couleur de rose*, *Lionnette et Coquerico*, *Mourat et Turquin*, *le Revenant*, etc. Mlle de Lubert a aussi rajeuni l'*Amadis de Gaule*, qu'elle a réduit à quatre volumes, et *les Hauts Faits d'Esplandian*, qu'elle a mis en deux. Enfin, elle est auteur de *Léonille*, nouvelle pleine d'intérêt, et semée d'une morale aussi douce qu'agréablement présentée. — Cette fille célèbre, qui eut des vertus et de la beauté, mourut à soixante-sept ans, le 2 octobre 1780.

3 OCTOBRE. — CLÉMENCE DE BOURGES

CLÉMENCE DE BOURGES, contemporaine de Louise Labbé, fut célèbre, comme elle, par sa beauté et son esprit. Elle était née à Lyon; on la présenta à deux rois qui passèrent par cette ville, comme l'objet le plus intéressant que les Lyonnais possédassent. Elle les charma par ses vers, ses chansons, et ses talens pour la musique. Jean du Peyrat, qu'elle aimait tendrement, et qu'elle devait épouser, ayant été tué au siège de Beaurepaire, elle en conçut une douleur si amère, qu'elle en mourut un an après, le 3 octobre 1562, dans un âge peu avancé. A ses funérailles, qui furent magnifiques, on la promena, par toute la ville, le visage découvert et la tête couronnée de fleurs. — Duverdier appelle Clémence de Bourges *la perle des demoiselles Lyonnaises.*

4 OCTOBRE. — ISABELLE DE FRANCE.

ISABELLE, fille de Philippe-le-Bel, roi de France, née en 1292, épousa, à seize ans, Édouard II, roi d'Angleterre. Elle posséda, au plus haut degré, deux qualités qui séduisent toujours : beaucoup d'esprit et une rare beauté. Mais son ambition et son penchant à la galanterie ternirent ces dons heureux de la nature. On a dit, pour justifier ses intrigues et ses amours, qu'elle eut, dans son époux, l'homme le plus bizarre et le moins aimable; comme si les vices du mari exemptaient la femme d'avoir des vertus! Isabelle expia ses fautes par vingt-huit ans de prison.... Elle mourut au château de Rising, où elle était retenue par l'ordre de son fils Édouard III, le 4 octobre 1367, âgée de soixante-quinze ans.

5 OCTOBRE. — HENRIETTE D'ERP.

HENRIETTE D'ERP est célèbre chez les Hollandais, par la fécondité d'imagination qui règne dans ses ouvrages. Elle était abbesse de Wrouven-Klooster. Elle a écrit, dans sa langue naturelle, et principalement sur des sujets de théologie. Comme on n'a rien traduit de ses productions, il serait difficile de les juger autrement que sur l'avis de ses compatriotes, qui en estiment la méthode et le style. Le plus répandu de ses livres est intitulé : *Histoire des ordres religieux qui se sont établis dans la Hollande*, in-8.°, avec figures. — Henriette d'Erp mourut le 5 octobre 1550.

6 OCTOBRE. — CATHERINE DE FOIX.

CATHERINE DE FOIX, héritière de Fran-

çois Phœbus, porta en dot la Navarre
à Jean d'Albret, qu'elle épousa en 1484.
C'était une femme d'un cœur et d'un
courage au-dessus de son sexe; avec le
génie et les talens qu'elle avait reçus de
la nature, elle aurait pu gouverner de
grands états; mais elle avait, dans son
époux, un homme sans moyens, dont
elle ne put empêcher les imprudences.
Ce prince, trop faible, perdit même la
Navarre, que sa femme lui avait ap-
portée, et qui lui fut enlevée par Ferdinand le Catholique. Lorsque Jean
d'Albret fut dépouillé de ses états, Catherine se contenta de lui dire : — « Si
» nous étions nés, vous Catherine, et
» moi Jean, nous n'eussions jamais
» perdu la Navarre..... » — Catherine
de Foix mourut le 6 octobre 1517.

7 OCTOBRE. — Mme DE PUISIEUX.

Mme DE PUISIEUX, née Magdeleine

Darsant, annonça, très-jeune encore, d'heureuses dispositions pour l'étude, et beaucoup de goût pour les belles-lettres. Mariée avec un homme qui les cultivait assez heureusement, elle acheva de perfectionner ses talens, et les premiers essais de sa plume obtinrent de grands succès. Mme de Puisieux a publié plusieurs ouvrages de morale, où l'on trouve un style pur, joint aux principes de la plus saine vertu, présentés d'une manière agréable. Elle fit aussi quelques romans, et traduisit des contes anglais, sans lasser le public. Son style, toujours soigné, lui assura les suffrages que les ouvrages les plus intéressans ne peuvent retenir, s'ils sont mal écrits. — Mme de Puisieux mourut le 7 octobre 1769.

8 OCTOBRE. — LA REINE BERTHE.

— BONNE DE LUXEMBOURG.

BERTHE OU BERTRADE, connue sous le nom *de Berthe au grand pied*, parce qu'elle avait le pied droit plus long que le pied gauche, était femme de Pepin-le-Bref, roi de France, et fut mère de Charlemagne. C'était une princesse du plus grand mérite : plusieurs historiens assurent qu'elle contribua beaucoup à mettre la couronne de France sur la tête de Pepin. Son fils Charlemagne, qui connaissait la supériorité de son génie ne fit rien, tant qu'elle vécut, sans la consulter. — Quelques - uns disent qu'elle mourut à la fin de juillet 783 ; d'autres placent sa mort au 8 octobre de la même année.

BONNE DE LOUXEMBOURG, duchesse de Normandie, fille de Jean, roi de Bohême,

princesse recommandable par ses vertus, son esprit et sa beauté, mourut à
Paris, d'une maladie contagieuse qui
désolait alors la France, le 8 octobre 1349.

9 OCTOBRE. — LADY NISHIDAL.

LADY NISHIDAL se rendit célèbre vers
le commencement du dernier siècle,
par un trait d'amour conjugal, sem-
blable à celui que nous avons vu se re-
nouveller de notre temps, et que nous
avons déjà cité dans cet ouvrage. En
1716, lord Nishidal se trouva compris
dans une proscription, contre plusieurs
gentilhommes attachés à la maison de
Stuart. Il eut le malheur d'être arrêté
et conduit à la Tour de Londres, où il
fut sévèrement gardé. On instruisit son
procès, et il fut condamné à mort. Sa
femme, instruite du sort qui l'attendait,

obtint la permison de le revoir encore ; elle se rendit à la Tour, soutenue par deux femmes de chambre, dans l'attitude de la plus profonde douleur, et la tête couverte d'un grand voile. Elle engagea aussitôt son mari à changer d'habit avec elle, et malgré ses réprésentations sur le danger qu'elle courait, elle obtint, à force d'instances, de demeurer à sa place. Lord Nishidal sortit, sans que les gardes témoignassent la moindre défiance. Il trouva, sur les bords de la Tamise, une barque préparée, et monta un vaisseau qui partit à l'instant pour la France. — Après son évasion, le roi instruit de l'héroïsme de lady Nishidal, envoya l'ordre de remettre en liberté cette généreuse épouse, qui seule avait conçu et mis à exécution son projet héroïque. — On place la mort de lady Nishidal au 9 octobre 1747.

10 OCTOBRE. — SIBILLE DE CLÈVES.

SIBILLE DE CLÈVES s'illustra dans le seizième siècle, par ses vertus, son esprit et son courage. L'électeur de Saxe, son époux, ayant été fait prisonnier, en 1547, par Charles - Quint, Charles voulut de suite s'emparer de la ville de Wurtemberg, où les électeurs de Saxe faisaient ordinairement leur résidence. Mais Sibille se jetta dans cette place, avec quelques troupes, et se montra décidée à s'y défendre jusqu'à la dernière extrémité. Aux sages dispositions de cette vaillante femme, Charles-Quint comprit bientôt qu'il échouerait dans le siége qu'il venait d'entreprendre, et pour éviter la honte, il eut recours au plus cruel stratagême. Il connaissait la tendresse de Sibille pour son époux : il assembla un conseil de guerre, et

ans apporter plus de formes au jugement d'un des premiers princes de
l'empire, il fit condamner l'électeur
de Saxe à avoir la tête tranchée. La
nouvelle de cette sentence ne fut pas
plutôt répandue, que Sibille, oubliant
toute autre considération, se soumit aux
plus humilians sacrifices pour sauver son
époux, et ne racheta une vie si chère
qu'en ouvrant les portes de Wurtemberg
à Charles-Quint, et en acceptant les
conditions qu'il lui plut d'imposer. —
Cette grande princesse mourut le 10
octobre 1558.

11 OCTOBRE. — Mme DE STAAL.

Mme DE STAAL, connue d'abord sous
le nom de Mlle *de Launai*, était fille
d'un peintre, qui fut obligé de sortir
de la France, et qui la laissa dans la
misère. Elle eut le bonheur de plaire

à la supérieure du prieuré de Rouen, qui la prit dans sa maison et l'éleva avec soin. Mais cette dame étant morte, M.lle de Launai retomba dans l'indigence. Elle entra en qualité de femme de chambre chez la duchesse du Maine. La faiblesse de sa vue et sa maladresse la rendaient incapable de remplir ses nouveaux devoirs, et elle allait être renvoyée par la princesse, lorsqu'un incident singulier la tira d'embarras. Une jeune demoiselle attirait tout Paris, par la manière dont elle contrefaisait la possédée. Fontenelle qui l'était allé voir, comme toute la cour, fit une relation très-plaisante de la prétendue possession. M.lle de Launai écrivit à ce philosophe une lettre pleine de sel sur son jugement. Cette bagatelle ingénieuse fit connaître son esprit. La duchesse du Maine ne la considéra plus comme sa femme de chambre, elle l'em-

ploya dans les fêtes qu'elle voulut donner, la chargea de faire des vers pour
les pièces que l'on y jouait, et d'ima-
giner des divertissemens. Mlle de Lau-
nay s'acquit bientôt la confiance géné-
rale. Pendant la régence qui suivit la
mort de Louis XIV, elle fut comprise
dans la disgrâce de la duchesse du
Maine et enfermée deux ans à la Bastille. Ce contre-temps ne l'empêcha
pas, aussitôt qu'elle eut recouvré sa
liberté, de retourner auprès de sa princesse, à qui elle ne fut pas inutile. La
duchesse du Maine, reconnaissante, la
maria avec M. de Staal, qui fut depuis maréchal de camp. Mme de Staal, rassurée
sur sa fortune, se livra dès-lors entièrement aux lettres, qu'elle cultiva avec
tant de succès. Elle avait plus de gaieté
dans ses ouvrages que dans sa conversation, parce qu'elle était naturellement timide, et que les malheurs de

ses premières années n'avaient fait qu'augmenter cette timidité. Elle avait le cœur bon et beaucoup de qualités excellentes. — Elle a laissé les *Mémoires de sa vie*, en trois volumes, et deux comédies charmantes : *l'Engouement* et la *Mode*. Ses Mémoires, pleins de traits ingénieux et de détails piquans, se font lire avec délices, par ceux qui cherchent dans un livre un style élégant et simple, de l'esprit et du goût, et des choses naturelles. — Cette femme célèbre mourut le 11 octobre 1750.

12 OCTOBRE. — LOUISE GILLOT.

LOUISE GENEVIÈVE GILLOT, née à Paris, en 1604, montra de bonne heure un talent remarquable pour la poésie. Elle épousa un avocat qui sut à la fois la rendre heureuse et cultiver ses dispositions pour le commerce des muses. On remarque, dans les vers de cette dame, beaucoup de facilité et d'élégance. Ses *Chansons*, ses *Églogues*, ses *Madrigaux* et ses *Épîtres*, ont toujours de l'agrément. Louise Gillot a laissé deux comédies fort jolies : *Griselde* et l'*Intrigue des concerts*; elle fit ensuite deux grands opéras : *Didon* et *Circé*, que l'on jouait encore il y a peu d'années. C'est aussi à cette dame que l'on doit l'*Histoire* romanesque *de don Antoine, roi de Portugal*. — Louise Gillot mourut à soixante dix-huit ans, le 12 octobre 1718.

13 OCTOBRE. — Mlle DE L'ESPINASSE.

» Je n'ai point connu (dit Laharpe), une femme qui eût plus d'esprit naturel, moins d'envie de le montrer, et plus de talens pour faire valoir celui des autres.

Elle mettait tout le monde à sa place,
et chacun était content de la sienne.
Avec un grand usage du monde , elle
avait l'espèce de politesse la plus aimable , celle qui a le ton de l'intérêt. Ce
ton lui était facile. Son âme , singulière-
ment aimante, attirait tout ce qui avait
en ce genre des rapports avec elle. Aussi
personne n'a jamais eu autant d'amis ,
et chacun d'eux en était aimé comme
s'il eût été seul à l'être. On n'a jamais
eu plus d'activité et plus de plaisir à obli-
ger. » Tel est le portrait que font tous
les contemporains de Mlle de L'ESPINASSE.
Elle avait été élevée dans un couvent de
province , sans connaître sa famille ;
elle fut appelée à Paris par Mme Dudeffant, qui , vieille et aveugle, voulut
l'avoir auprès d'elle, pour rendre sa maison plus agréable. Mademoiselle de l'Espinasse avait une figure intéressante,
un esprit cultivé et sans prétention. Elle

s'acquit bientôt l'estime et la confiance de tous les hommes de mérite qui fréquentaient la maison de Mme Dudeffant. Le roi lui ayant accordé une pension, mademoiselle de l'Espinasse prit une maison et rassembla chez elle la société la mieux choisie. C'était presque un titre de considération d'y être reçu, parce qu'on y trouvait tous les hommes célèbres que Paris possédait alors. La santé de mademoiselle de l'Espinasse était faible ; elle mourut ou plutôt elle s'éteignit le 13 octobre 1776.

14 OCTOBRE. — MARIE D'ANJOU.

MARIE D'ANJOU, fille aînée de Louis II, roi de Naples, née le 14 octobre 1404, se distingua également par ses vertus et par son esprit. Elle fut mariée à Charles VII, roi de France, qui ne lui rendit pas toute la justice qu'il devait à son mérite.

Ce prince, en montant sur le trône, trouva la France occupée par les Anglais, le peuple découragé par ses malheurs, les grands infidèles à leur roi, et cependant il s'abandonna aux plaisirs. La reine Marie, au contraire, se servit du pouvoir que lui donnaient sa bonté, sa douceur et son esprit, pour ramener les cœurs vers son époux. Elle appaisait les murmures des mécontens, cherchait à réveiller la vertu des seigneurs, et ranimait le courage du peuple par ses exemples et par ses discours. Ce fut elle qui, la première, dissuada Charles VII d'abandonner son royaume à ses ennemis; elle s'efforça de rallumer dans son cœur des sentimens d'honneur et de gloire. Elle partagea avec lui les dangers de la guerre. Vêtue simplement, s'imposant sans regret toutes les privations, elle laissa, dans ces temps malheureux, le faste et le repos aux maîtresses de son époux. Tant de patience et de vertus héroïques auraient dû lui rendre la tendresse de Charles ; il ne lui accorda jamais qu'une froide estime. Il poussa même l'indifférence jusqu'à refuser souvent de la voir et de lui parler.... Après la mort de ce prince, la vertueuse Marie le regretta aussi sincèrement que s'il eut fait son bonheur ; elle le pleura, visita souvent son tombeau, et voulut perpétuer le souvenir de ses regrets, par des fondations religieuses. Ce modèle des reines et des épouses mourut en 1463, regrettée de tous les Français.

15 OCTOBRE. — ANNE DE VAUX.

— Sainte-Thérèse.

Anne de Vaux, née dans les environs de Bruxelles, se fit un nom dans le quinzième siècle, par sa valeur et son goût pour la profession des armes. Elle fit plusieurs campagnes sous des habits d'homme, et se distingua par de si brillants exploits, qu'elle fut nommée lieutenant-colonel sur le champ de bataille. Elle parcourut une partie de l'Europe, étonnant tous les généraux, qui ne soupçonnaient pas son sexe, et qui ne livraient pas un combat sans avoir quelques traits de courage à vanter dans cette héroïne. Or, un jour elle fut blessée de trois coups de mousquet, et laissée parmi les morts. En la dépouillant, on reconnut qu'elle était femme; on ne l'en l'admira que plus. On la soigna; elle reprit ses forces et sa santé; mais son secret étant connu, elle quitta le service, et se retira dans une abbaye de Bruxelles, où elle acheva ses jours sous l'habit religieux, le 15 octobre 1597.

— SAINTE-THÉRÈSE, d'Avila en Castille, puisa dans la lecture de la Vie des Saints, le goût de cette piété qui fut si grande en elle. A vingt-un ans elle entra dans un couvent de Carmélites, où elle entreprit d'établir la réforme; elle y réussit, après bien des peines; et ses travaux eurent dans la suite un si grand succès qu'elle eut la satisfaction de voir trente monastères suivre sa règle. Elle mourut après avoir passé quarante-sept ans dans le cloître, le 4 octobre 1582. On la fête le 15 du même mois. — Cette sainte est la patrone de l'Espagne. Son cœur était tout rempli de l'amour de Dieu. Elle appelait le démon : *ce malheureux qui ne saurait aimer....* Elle avait une patience héroïque et toutes les vertus chrétiennes. On trouve dans ses ouvrages, qui sont tous pieux, de l'éloquence , de l'onction , une gaieté douce, et des traits sublimes. Arnauld

d'Andilly les a presque tous traduits
en français.

16 OCTOBRE. — MARIE-ANTOINETTE.

MARIE-ANTOINETTE-JOSEPHE-JEANNE,
archiduchesse d'Autriche, reine de
France, fille de l'impératrice Marie-
Thérèse, sœur de l'empereur Joseph II,
femme de Louis XVI, naquit à Vienne
en 1755. — A quinze ans elle épousa
Louis, dauphin de France, qui régna
depuis avec elle sous de si tristes aus-
pices. Devenue reine, Marie-Antoinette
réforma l'étiquette de la cour et se
laissa entraîner à ses goûts pour la vie
privée. Elle était bonne ; mais elle eut
des ennemis. Plusieurs années avant la
révolution, des méchans l'avaient accablée de calomnies, et désignée à la
haine populaire. En 1789, on avait
tellement aigri les esprits contre la

reine , qu'une multitude furieuse se
porta à Versailles le 5 octobre , avec de
coupables projets contre elle. Des brigands pénétrèrent en effet dans son ap-
partement , et crurent la surprendre
au lit; mais grâce à la résistance de
ses gardes , la reine avertie du danger
qui la menaçait , avait eu le temps de
se réfugier presque nue dans l'appar-
tement du roi. Après que le calme fut
établi , elle eut le courage de se montrer à sa fenêtre , tenant le dauphin
dans ses bras , et fut couverte d'applau-
dissemens. Elle arriva bientôt à Paris
avec le roi, et y reçut du peuple tous
les témoignages du plus vif intérêt ;
elle ne perdit aucune occasion de se
montrer , et visita fréquemment les
divers établissemens de la capitale.

La fuite du roi ayant été résolue ,
Marie-Antoinette partit le 20 juin 1791
avec Louis XVI , fut arrêtée à Varennes,

reconduite à Paris, et mise sous une garde particulière. — Devenue libre, par l'acceptation de la constitution, elle ne jouit pas long-temps des espérances de bonheur qu'elle avait pu concevoir. Elle fut enfermée dans la tour du Temple, à la suite du 10 août 1792, et vit son auguste époux marcher à l'échafaud, sans que la haine de ses ennemis fût satisfaite.

Après des tourmens répétés tous les jours, et des outrages sans nombre, Marie-Antoinette fut traduite devant le tribunal révolutionnaire. On la transféra de la tour du Temple dans les prisons de la Conciergerie.... Elle trouva d'abord quelque adoucissement à ses maux dans l'humanité du concierge, nommé Richard ; mais ses persécuteurs la plongèrent bientôt dans une espèce de cachot, où elle fut gardée à vue par un gendarme. Le 14 octobre

1793, elle parut pour la première fois devant le tribunal qui devait la condamner. Elle entendit avec calme la lecture des crimes qu'on lui supposait, et garda le silence. On lui nomma d'office deux défenseurs, dont les fonctions étaient inutiles : sa mort était résolue. Elle entendit prononcer son jugement sans donner aucune marque d'altération, et sortit de la salle sans proférer aucune parole. On la ramena à la Conciergerie, dans le cabinet des condamnés; et elle fut conduite au supplice, le 16 octobre 1793, de la même manière que les victimes ordinaires, sur une charrette, les mains liées, escortée par des gendarmes. Elle ne montra pendant la marche aucun symptôme d'abattement ou de désespoir. Arrivée à la place Louis XV, elle tourna ses regards vers le palais des Tuileries, avec une émotion qu'elle se hâta de réprimer. Elle monta avec courage sur l'échaffaud, et ne pâlit qu'au moment où le bourreau se prépara à lui donner la mort.... Elle avait écrit à madame Elisabeth une lettre, datée *du 15 octobre, à quatre heures et demie du matin*, et contenant ses dernières volontés. Cette lettre fut retrouvée au commencement de 1816 ; on en a distribué des *fac-simile ;* et des libraires l'ont mise à la suite du testament de Louis XVI.

17 OCTOBRE. — NINON DE LENCLOS.

NINON DE LENCLOS se rendit célèbre par des aventures, que l'on aurait dû condamner à l'oubli. Elle était née en 1615, de parens nobles. Son père en avait fait une épicurienne. Maîtresse à quinze ans d'une honnête fortune, elle s'était formée seule ; et si son esprit avait beau-

coup gagné dans la lecture de Charron
et de Montaigne, elle avait pris peu de
soin de former son cœur à ces vertus
qui seules font le mérite des femmes.
Elle avait tous les talens agréables, savait parfaitement la musique et dansait
avec grâce. Des partis avantageux la
recherchèrent : elle préféra sa liberté
aux liens du mariage et mit son bien à
fonds perdus. On sait qu'elle eut une
multitude d'amans; et pour peu que
l'on veuille examiner sa vie, avec un
esprit exempt de prévention, on con-
viendra qu'elle fut assez scandaleuse.
Avec sa manière de vivre, outre l'esprit
le plus agréable, Ninon avait de la pro-
bité, une humeur égale, un caractère
aimable, de la constance en amitié.
» Dans le mépris des vertus de son sexe,
» Ninon de Lenclos avait, dit-on, con-
» servé celles du nôtre, dit Jean-Jacques
» Rousseau. On vante sa franchise, sa

» droiture, la sûreté de son commerce,
» sa fidélité dans l'amitié. Enfin, pour
» achever le tableau de sa gloire, on
» dit qu'elle s'était faite homme. A la
» bonne heure. Mais avec toute sa haute
» réputation, je n'aurais pas plus voulu
» de cet homme-là pour mon ami que
» pour ma maîtresse. Les femmes qui
» perdent toute pudeur, sont plus
» fausses mille fois que les autres. On
» n'arrive à ce point de dépravation qu'à
» force de vices, qu'on garde tous, et
» qui ne régnent qu'à la faveur de l'in-
» trigue et du mensonge. Le plus grand
» frein de leur sexe ôté, que reste-t-il
» aux femmes qui les retienne? et de
» quel honneur feront-elles cas, après
» avoir renoncé à celui qui leur est
» propre?.... « Ninon avait une beauté
et des grâces peu communes. Elle les
conserva jusqu'à l'extrême vieillesse,
et mourut, belle encore, le 17 octobre

1706, à quatre-vingt-dix ans. — On lui attribue deux volumes de *Lettres* qu'elle n'a point écrites.

18 OCTOBRE. — Mme DE LA FAYETTE.

Marie Magdeleine Pioche de la Vergne fille d'un maréchal de camp, qui était gouverneur du Hâvre-de-Grâce, reçut une éducation des plus soignées. On lui donna pour le latin seulement, deux maîtres célèbres : Ménage, et le père Rapin. Au bout de trois mois de leçons, elle les concilia sur un passage difficile, auquel ils donnaient une interprétation différente. Elle fut mariée fort jeune au comte de LA FAYETTE, et sa maison devint l'asyle des beaux esprits de son temps. Huet, Ménage, Segrais et La Fontaine s'y rendaient souvent. Elle inspira au célèbre duc de la Rochefoucaud l'amitié la plus pure, et l'amour de la vertu. — Il m'a donné de l'esprit, disait-elle ; mais j'ai réformé son cœur. Enfin elle était l'amie intime de Mme de Sévigné, qui en parle souvent dans ses lettres, et toujours avec éloge. Mme de La Fayette se plut de son côté à écrire le portrait de l'illustre marquise, avec toutes les couleurs de l'amitié. — Elle a laissé plusieurs ouvrages, qui font honneur à sa plume délicate et facile ; tous sont remplis d'esprit et de goût, et lui assurent un nom immortel. Tout le monde connait le roman de *Zayde*, pour lequel le savant Huet composa son *Origine des romans* ; *la Princesse de Clèves* et *la Princesse de Montpensier*, nouvelles, qui ne le cèdent en rien au premier ouvrage ; *les Mémoires de la Cour de France, pour les années* 1688 *et* 1689, écrits avec grâce, et semés de portraits et d'anecdotes curieuses ; *l'His-toire d'Henriette d'Angleterre*, et *divers Portraits de quelques personnes de la cour.* Tous ces ouvrages sont encore recherchés, on les a recueillis en 8 volumes in-12. — On a dit de Mme de La Fayette, qu'elle avait le jugement au dessus de l'esprit, et qu'elle aimait le vrai en toutes choses. Elle mourut à Paris le 18 octobre 1693.

19 OCTOBRE. — LA MARQUISE DE FONSÉCA.

LA MARQUISE DE FONSÉCA, née à Naples, se distingua vers la fin du dernier siècle par les charmes de sa figure, et les agrémens de son esprit. Elle se livra à l'étude de l'histoire naturelle, et s'adonna principalement à la botanique. Ses connaissances en ce genre lui attirèrent l'estime du célèbre Spallanzani, qu'elle aida souvent dans ses recherches. Mme de Fonséca n'a rien publié sous son nom. — Elle mourut le 19 octobre 1799.

20 OCTOBRE. — CAPILLANA.

CAPILLANA, princesse Péruvienne, restée veuve à la fleur de son âge, gouvernait ses états avec sagesse, lorsque Pizarre vint faire la conquête du Pérou. Il fut reçu dans le palais de Capillana, avec les plus grandes marques de bienveillance. La beauté et l'esprit de la princesse lui inspirèrent dès-lors une passion, qui dura jusqu'à sa mort. Il fut payé de retour, et voulut engager Capillana à embrasser la religion chrétienne. Mais elle refusa long-temps de quitter le culte de ses pères ; ce ne fut qu'au bout de quinze ans, et lorsque Pizarre eut achevé ses conquêtes, qu'elle ouvrit son cœur aux lumières du christianisme. Après la mort de Pizarre, arrivée en 1541, Capillana vécut dans la retraite, et s'appliqua entièrement à l'étude, qui faisait ses délices. Elle a laissé un manuscrit, où elle a tracé de sa main, différens monumens de son pays, avec une courte explication de chaque figure, en castillan; on y trouve aussi la description des plantes du Pérou, accompagnée de dissertations très-curieuses. — Cette illustre Péruvienne mourut le 20 octobre 1553.

21 OCTOBRE. — VICTOIRE COLONNE.

VICTOIRE COLONNE, d'une famille illustre d'Italie, femme du marquis de Pescaire, se rendit célèbre dans le seizième siècle, par ses vertus, son amour conjugal, et ses talens pour la poésie, qu'elle consacra à chanter les sentimens honnêtes. Jeune encore, elle perdit son époux, qui était un des plus grands

hommes de guerre de son siècle; elle
le pleura jusqu'à sa mort, passa le reste
de ses jours dans la solitude et dans
l'exercice des plus douces vertus, ne
chanta plus que le héros qu'elle venait
de perdre, et célébra toujours son époux
dans ses vers. Tous les hommes lettrés
de ce temps parlent de Victoire Colonne
avec les plus grands éloges. Le célèbre
cardinal Pompée Colonne, son parent,
composa en son honneur un poëme latin
intitulé : *du Mérite des Femmes.* ——
Victoire acheva ses jours dans le monastère de Sainte-Marie à Milan, le 21
octobre 1541.

22 OCTOBRE. —— MAGDELEINE BASSE-
PORTE.

MAGDELEINE FRANÇOISE BASSEPORTE, née
à Paris en 1701, s'appliqua dès sa jeunesse à la peinture, et se fit un nom

immortel par la manière admirable dont elle peignit les plantes, les fleurs, les oiseaux, les animaux, les reptiles et tout ce qui tient à l'histoire naturelle. Elle obtint à trente ans la place de peintre des jardins du roi, et la remplit plus de quarante ans. Louis XV, sincère admirateur de ses talens, conversait familièrement avec elle et la dispensait de toute étiquette. Mlle Basseporte, naturellement sensible et bienfaisante, ne se servit de son crédit que pour encourager les jeunes peintres qui promettaient du mérite. Plusieurs lui dûrent leur avancement. Elle n'avait qu'une pension de mille francs et les produits de son pinceau ; cependant elle fit beaucoup de bien, et secourut une foule d'artistes dans leur misère. Mais on trouve toujours le moyen d'être bienfaisante, lorsqu'on en a le désir. — Les ouvrages de Mlle Basseporte, sont regardés comme des chefs-d'œuvre, où l'art le dispute à la nature, pour la vérité de l'expression, la délicatesse, et la précision du coloris. — Cette femme célèbre mourut le 22 octobre 1780, à soixante-dix-neuf ans.

23 OCTOBRE. — LADY MONTAGUE.

MARIE WORTLEY – MONTAGUE, née en Angleterre à la fin du dix-septième siècle, accompagna son époux, au commencement du dix-huitième, dans une ambassade à Constantinople, et en rapporta l'usage de l'inoculation. Ce bienfait lui acquit une célébrité méritée. Lady Montague voyagea beaucoup ; et comme elle eut des aventures singulières, on lui en attribua une foule de romanesques. Les *Lettres* qu'elle a écrites pendant ses voyages sont le premier de ses titres littéraires. On y trouve de l'intérêt, de d'agrément, et des anecdotes très-curieuses sur les mœurs des Turcs. On les a traduites en Français. Son *Poëme sur les progrès de la poésie*, et son *Apologie de Shakespeare*, annoncent dans Lady Montague des talens variés ; mais trop enthousiaste pour les poètes de son pays, elle fut injuste envers les nôtres ; et le jugement qu'elle fait de Racine et de Corneille ne fait pas honneur à son goût. — Cette ingénieuse Anglaise mourut le 23 octobre 1760.

24 OCTOBRE. — Mme DE SIMIANE.

Pauline Adhémar de Grignan, marquise de SIMIANE, fille de la comtesse de Grignan, petite fille de Mme de Sévigné, eut, comme ces deux dames, un esprit naturel joint aux talens les plus aimables. Ses contemporains ont vanté ses vertus, son esprit et ses lumières. Elle

faisait des vers assez jolis pour mériter
les éloges qu'ils lui attirèrent. — On
place sa mort au 24 octobre 1739. Les
Lettres de Mme de Simiane sont imprimées avec celles de Mmes de Sévigné et
de Grignan.

25 OCTOBRE. — RÉNÉE DE FRANCE.

RÉNÉE DE FRANCE, duchesse de Ferrare,
fille de Louis XII et d'Anne de Bretagne,
naquit à Blois, en 1510, et développa,
dès l'âge tendre, un esprit vif et une
grande ardeur pour l'étude. Non con-
tente de savoir les langues savantes,
l'histoire, les mathématiques, elle apprit même l'astrologie, et voulut étudier
encore les plus hautes questions de la
théologie. On dit qu'elle s'y égara quelquefois, et qu'elle finit par se soumettre
à la doctrine de Calvin. Clément Marot,
son secrétaire, la confirma dans ces

nouvelles opinions; et après la mort du duc de Ferrare, son époux, elle revint en France, où elle professa plus ouvertement le calvinisme. Elle donna aussi des preuves de courage et de fermeté. Le duc de Guise l'ayant sommée de lui livrer quelques hérétiques, qui, pendant les guerres religieuses, s'étaient réfugiés dans son château de Montargis, Rénée lui répondit fièrement qu'elle n'était point assez lâche pour trahir ceux qui avaient cherché près d'elle un asyle, et que s'il attaquait le château, elle se mettrait la première sur la brèche, pour voir s'il oserait tuer la fille d'un roi. Elle sauva plusieurs protestans du massacre de la Saint-Barthélemy, et fut toujours leur refuge dans les persécutions qu'on leur suscita. Cette princesse laissa deux fils et deux filles qui héritèrent de son grand cœur;

elle mourut à Montargis, le 25 octobre 1575, à soixante-cinq ans.

26 OCTOBRE. — HÉLOÏSE.

HÉLOÏSE, nièce de Fulbert, chanoine de Paris, pleine d'esprit et de charmes, se fit un nom, au douzième siècle, par son amour pour les sciences et l'étude. Son oncle, qui l'aimait tendrement, entretint cette passion qu'elle avait de devenir savante, et lui donna des maîtres. Le célèbre Abailard attirait alors tout Paris à ses leçons. Fulbert voulut qu'il achevât l'éducation d'Héloïse. Abailard ne vit pas son aimable élève sans en devenir passionnément amoureux; et il la rendit bientôt sensible. Fulbert s'apercevant de leur attachement mutuel, voulut rompre leurs liens en les séparant. Mais il s'y prit trop tard. Abailard enleva sa chère Héloïse et la

conduisit en Bretagne. Là, il fit propo-
ser à Fulbert d'épouser sa nièce, pourvu
que ce mariage demeurât secret; car il
était *clerc*. Les deux amans furent époux;
mais l'oncle ne voulut pas cacher ce mariage, qui réparait l'honneur de sa nièce.
Héloïse, à qui la gloire de son époux
était plus précieuse que la sienne, nia
son union avec lui; et Abailard la fit
entrer dans le monastère d'Argenteuil,
pour la mettre à l'abri du ressentiment
de son oncle. Fulbert, s'imaginant qu'A-
bailard voulait faire prendre le voile à
Héloïse, pour s'en débarrasser, le fit
mutiler par des scélérats qu'il paya lar-
gement. Abailard, au désespoir, se retira dans l'abbaye de St-Denys; Héloïse
se fit religieuse et devint la supérieure
de son couvent. Mais elle y fut malheureuse, parce qu'elle ne put oublier
l'époux dont elle était séparée. Après
avoir passé quelques années à Argen-

teuil, elle se retira à l'Oratoire du
Paraclet, qu'Abailard avait fait bâtir
auprès de Troyes. Elle lui survécut
vingt ans, et fut enterrée dans le même
tombeau. Leur mausolée est à Paris. —
Héloïse avait encore plus d'esprit que
de beauté. Elle savait le grec, le latin
et l'hébreu. Il nous reste trois de ses
Lettres, pleines de feu et d'imagination.
Colardeau les a traduites d'une manière
admirable, avec celles d'Abailard. —
Cette femme célèbre descendit dans la
tombe le 26 octobre 1163.

27 OCTOBRE. — CATHERINE CIBO.

CATHERINE CIBO, duchesse de Came-
rino, dans la marche d'Ancône, fit l'admiration du seizième siècle par ses vertus et son érudition. Avec la plus grande
facilité pour s'instruire, elle apprit le
latin, le grec, l'hébreu, la philosophie,

les mathématiques et la théologie. Elle passa ses jours dans l'étude des sciences et l'exercice des bonnes œuvres. Ses ouvrages ne nous sont pas connus; mais ses contemporains lui ont prodigué des louanges. Elle fonda le premier couvent que les capucins aient eu en Italie; et mourut dans de saintes dispositions, le 27 octobre 1557.

28 OCTOBRE. — ANNE IWANOWA.

ANNE IWANOWA, impératrice de Russie, succéda au czar Pierre II, en 1730, et fit fleurir le commerce dans ses vastes états. Avec le désir de maintenir la paix, elle entretint toujours de grandes armées de terre et de mer. C'est par ce système qu'elle se fit respecter des Allemands, des Polonais, des Turcs, des Chinois et des Persans, sans prendre part à leurs querelles. Anne Iwanowa était bonne,

15..

douce ; et son gouvernement n'aurait été
qu'une suite de bienfaits, si elle n'eût
pas accordé trop de confiance à un ministre cruel, qui exerça des barbaries
en son nom. — Cette impératrice fut
emportée par une maladie de langueur,
le 28 octobre 1740, à quarante-sept
ans.

29 OCTOBRE. — JULIE D'ANGENNES.

JULIE-LUCIE D'ANGENNES, marquise de
Rambouillet, et depuis duchesse de
Montausier, naquit en 1607, avec les
plus heureuses dispositions pour les
belles-lettres. Elle les cultiva avec succès, sous les yeux de sa mère, qui
réunissait au goût le plus éclairé les
plus brillantes qualités de l'esprit et du
cœur. Le mérite de ces dames rendit
leur hôtel le rendez-vous de tout ce
qu'il y avait à Paris de plus savant et

de plus distingué. On ne s'y entretenait que de littérature ; on y apportait beaucoup d'esprit ; mais on y mettait un peu de ce pédantisme, dont Molière a si bien peint le ridicule dans ses *Femmes savantes*. L'esprit, les vertus et la beauté de Julie d'Angennes, lui attirèrent un grand nombre d'adorateurs. Le duc de Montausier, après avoir soupiré treize ans pour elle, obtint sa main ; elle devint dame d'honneur de la reine, vécut vingt-six ans dans l'union la plus parfaite avec son époux, que l'on regardait comme l'homme du royaume le plus estimable, et mourut le 29 octobre 1671, à soixante-quatre ans.

— On a sans doute entendu parler de la *Guirlande poétique de Julie*, comme du plus gracieux cadeau qu'un amant ait jamais fait à sa maîtresse. En voici la description : c'était une galanterie

du duc de Montausier, pour les étrenne
de Julie d'Angennes. Des fleurs de tout
beauté étaient peintes en miniature su
des feuilles de vélin toutes d'une égal
grandeur; on avait laissé, sous chaqu
fleur, un espace suffisant pour un ma
drigal. Le duc chargea les premiers poète
du temps de faire ces petites pièces d
vers, qui furent écrites, sur chaqu
feuille, par une main habile. Le tou
formait un volume magnifiquement re
lié et renfermé dans un étui de maro
quin. Julie, à son réveil, trouva c
cadeau sur sa toilette... — La Guirland
de Julie existe encore. A la vente du du
de la Vallière, qui l'avait acquise, ell
fut vendue à un amateur, qui la pay
14,500 francs. — Depuis la révolution
ce gracieux monument d'amour es
passé en Angleterre.

3o OCTOBRE. — MARIE DE CLÈVES.

MARIE DE CLÈVES, princesse de Condé, inspira l'amour le plus violent au duc d'Anjou (qui régna depuis sous le nom de Henri III). Elle était d'une beauté peu commune, et joignait aux grâces et aux attraits de la jeunesse les char- mes de l'esprit le plus aimable. Le duc d'Anjou était dans tout le feu de sa passion, lorsqu'il fut appelé au trône de la Pologne. L'éloignement n'éteignit pas son amour; il ne cessa d'écrire à Marie, et signa de son sang toutes ses lettres. A son retour en France, plus amoureux que jamais, il songeait à faire rompre le mariage du prince de Condé, dont il espérait obtenir le consentement, et à épouser Marie de Clèves. Mais Catherine de Médicis, qui voulait conserver son influence, et qui

craignait l'ascendant que Marie pou-
rait avoir sur son fils, prit si bien se
mesures, que cette jeune princess
mourut presque subitement, le 3
octobre 1574, à l'âge de dix-huit ans
dans tout l'éclat de sa beauté et de se
charmes.

31 OCTOBRE. — MARIE DE MÉRIAN

MARIE SIBILLE DE MÉRIAN, née à Franc-
fort en 1647, fille d'un célèbre graveu
allemand, hérita des talens de so
père, et se fit une grande réputatio
par la manière dont elle peignait, ave
au tant de vérité que de goût, les fleurs
les papillons, les chenilles, et tout
espèce d'insectes. Elle avait tant d
passion pour cette partie de l'histoir
naturelle, qu'elle entreprit de long
voyages, uniquement dans l'espoir d
voir la collection de quelques natura

...tes. Elle affronta même les périls de
la mer pour aller chercher en Amérique
des connaissances nouvelles. Elle peignit sur velin les insectes de Surinam;
les connaisseurs avouent que l'on ne
peut rien trouver de plus fini que ce travail. Ses dessins furent déposés dans
l'Hôtel-de-Ville d'Amsterdam, et multipliés par la gravure. — Mais cette
femme célèbre ne sut pas seulement
peindre, elle sut aussi transmettre à la
postérité ses observations, dans des ouvrages que les artistes consultent tous les
jours. Le plus important de ses livres est
l'*Histoire des insectes de l'Europe et de
l'Amérique.* — Marie de Mérian mourut à Amsterdam, le 31 octobre 1717,
à soixante-dix ans.

1.er NOVEMBRE. — CHARLOTTE DE BRUNSWICK.

CHARLOTTE DE BRUNSWICK-WOLFENBUTEL, née en 1784, épousa, à vingt-sept ans, Alexis Petrowitz, fils du czar Pierre-le-Grand. Son époux ne sut pas la rendre heureuse. Livré à toutes les débauches, à toute la grossièreté où la Russie était alors plongée, Alexis s'abrutit bientôt ; et sa femme, méprisée, maltraitée, manquant du nécessaire, privée de toute consolation, traîna dans les chagrins sa triste existence. On a dit que Charlotte, ne pouvant plus supporter le poids d'un sort pareil, se fit passer pour morte ; qu'on enterra une bûche à sa place ; que la princesse s'évada avec un domestique qu'elle fit passer pour son père ; qu'elle fit un voyage en Amérique, et vint ensuite en France, où elle fut reconnue par le maréchal de Saxe. On ajoute que Louis XV, instruit du secret, écrivit à la reine de Hongrie, pour l'informer de la destinée de Charlotte, qui était sa tante; et que cette princesse acheva ses jours à Bruxelles, où la reine de Hongrie lui faisait une pension de vingt mille florins. On place sa mort au mois de janvier 1781. — Mais Voltaire, mieux informé, dit seulement que le mariage de Charlotte de Brunswick avec le fils du czar fut très-malheureux; que la princesse de Bruxelles était une aventurière, et que la jeune et belle épouse d'Alexis, après avoir langui dans les chagrins, mourut enfin de douleur, à l'âge de trente-un ans, le 1.er novembre 1715. — Elle laissa un fils qui gouverna la Russie, sous le nom de Pierre II.

NOVEMBRE. — JUDITH DE BAVIÈRE.

Judith de Bavière, reine de France,

seconde femme de Louis-le-Débonnaire,
mère de Charles-le-Chauve, était auss[i]
remarquable par son esprit que par s[a]
rare beauté. Elle avait de l'habileté dan[s]
les affaires ; et Louis, son époux, suivi[t]
avec succès quelques-uns de ses con[-]
seils. Mais Judith était ambitieuse ; e[t]
comme presque toutes les mères elle pr[é-]
férait ses enfans à ceux que Louis ava[it]
eus d'un autre lit. Elle aurait dû renfer[-]
mer ce sentiment dans son âme ; mais ell[e]
tâcha d'élever ses enfans au préjudice de[s]
autres. Ces princes se révoltèrent, e[t]
l'enfermèrent dans un monastère. Ell[e]
fut rendue à son époux quelque temp[s]
après, et mourut à Tours, en avri[l]
selon quelques-uns ; et selon d'autres[,]
le 2 novembre 843.

3 NOVEMBRE. — SANCIE DE NAVARRE

SANCIE ou SANCHA DE NAVARRE, femm[e]

e Gonzalès de Castille, et sœur du roi
e Léon, donna aux femmes de son
siècle un grand exemple d'amour conjugal. Son mari avait été lâchement
emprisonné par ordre du roi, son beau-
père ; elle l'apprend, et suivie de plusieurs serviteurs zélés, elle se rend aux
portes de Léon, se présente, vêtue en
pèlerine à la porte de la prison, répand
argent aux geoliers, et obtient de voir
Gonzalès. Renfermée seule avec lui, elle
lui fait sans perdre de temps prendre
un habit de pélerine, à la faveur du-
quel il a le bonheur de partir sans être
reconnu, laissant sa généreuse femme
prisonnière à sa place. Le lendemain,
les geoliers reconnurent le stratagème
dont il avaient été dupes, et ne purent
se dispenser de l'apprendre au roi. Ce
prince, irrité, fit venir aussitôt la prisonnière ; il n'eut point de peine à recon-
naître sa sœur. Plein d'admiration pour

sa conduite héroïque, il la combla de présens et de caresses, et la renvoya avec pompe à Gonzalès avec qui il se reconcilia. — Sancie de Navarre mourut, dit-on, le 3 novembre 1419.

4 NOVEMBRE. — OLYMPE DE GOUGES.

MARIE OLYMPE DE GOUGES, née à Montauban en 1755, reçut de la nature un esprit vif et facile, une grande beauté, une âme ardente, et une imagination peut-être trop exaltée. Elle fut élevée avec assez de négligence; mais elle brilla de ses talens naturels, et se fit de bonne heure un nom dans la littérature. Elle fit jouer, en 1785, *le Mariage de Chérubin*, comédie qui eut un grand succès; et plus tard, *l'Homme généreux*, drame en cinq actes; *Molière chez Ninon*, comédie en cinq actes; *Mirabeau aux Champs-Élisées*, drame; *l'Esclavage des Nègres*, drame en trois actes, représenté au théâtre Français, etc. La révolution obtint les suffrages d'Olympe de Gouges; elle admira Mirabeau; elle chanta dans plusieurs brochures les bienfaits du nouveau régime. Mais son enthousiasme se refroidit, lorsqu'elle vit approcher *quatre-vingt-treize*. Elle avait approuvé les principes de la révolution; elle en décria les excès. Le 14 octobre 1793, elle écrivit à la Convention, et demanda à défendre Louis XVI. On la refusa; et quelque temps après, dans une brochure intitulée : *les Trois Urnes, ou le Salut de la patrie*, elle appela l'indignation publique sur Marat et Robespierre. Olympe fut arrêtée aussitôt après la publication de cet ouvrage; elle parut avec fermeté devant le tribunal révolutionnaire, et fut envoyée à la mort, le 4 novembre 1793, à l'âge de trente-huit ans.

16..

5 NOVEMBRE. — LA DUCHESSE D'ETAMPES.

LA DUCHESSE D'ETAMPES est fameuse, mais elle n'est point célèbre. Son nom de famille était Anne de Pisseleu. Elle naquit en 1508, et fut fille d'honneur de Louise de Savoye, mère de François I.er Elle porta le nom de M.lle de Heilly, jusqu'en 1536, qu'elle fut faite duchesse d'Etampes. On a beaucoup vanté sa beauté éclatante, son esprit agréable et fin ; mais son cœur ne répondait point à ces qualités brillantes. Elle captiva François I.er, et fut en faveur auprès de lui jusqu'à sa mort. On dit qu'elle protégea les belles-lettres. Elle eût pu réparer en quelque sorte ses faiblesses par de bonnes actions : elle ne se servit de son pouvoir sur l'esprit du roi, que pour enrichir indistinctement ceux qu'elle aimait, et perdre ses ennemis. On lui reproche ainsi une foule d'iniquités et d'injustices. Mais ce qui souille à jamais la mémoire de la duchesse d'Etampes, c'est que François Ier ayant eu l'imprudence de lui confier quelques secrets importans, elle révéla ces secrets à Charles-Quint, avec qui nous étions en guerre : perfidie qui causa aux Français les plus grands maux, et la perte d'une bataille. Cette maîtresse criminelle, en servant ainsi l'ennemi de son roi, pensait se mériter une retraite auprès de lui, lorsqu'elle serait obligée de quitter la France, où elle savait bien qu'elle était abhorrée. — Après la mort de François Ier, Henri II n'osa pas punir la duchesse d'Etampes, par respect pour la mémoire de son père ; elle embrassa le calvinisme, et se retira dans une de ses terres, où elle mourut dans le mépris, et sans doute dans les remords, le 5 novembre 576, âgée d'environ soixante-huit ans.

6 NOVEMBRE. — AGNÈS DE MÉRANIE.

AGNÈS DE MÉRANIE, reine de France, fut
aussi remarquable par la solidité de son
esprit, et la noblesse de son âme, que
par sa beauté et ses grâces. Philippe-
Auguste, ayant répudié Ingelburge,
épousa Agnès en 1196, et en eut un fils
et une fille. Mais le Pape n'ayant point
approuvé ce mariage, Philippe fut obligé
d'abandonner cette jeune reine, dont
les sages conseils lui avaient été plus
d'une fois utiles. Agnès en mourut de
douleur, à peine âgée de vingt-quatre
ans, et dans tout l'éclat de ses charmes,
le 6 novembre 1201.

7 NOVEMBRE. — MARIE MORELLI.

MARIE MAGDELEINE MORELLI, née à
Pistiole, montra, dès sa jeunesse, de si

heureux talens pour la poésie, que le
sénat de Rome la fit inscrire dans le livre
de la noblesse romaine, et que l'Académie des Arcades lui ouvrit ses portes
avec les distinctions les plus honorables.
Elle avait pris le nom de *Corilla Olym-
pica*; ce nom fut bientôt célèbre. Les
succès de cette muse lui attirèrent, en
1771, l'honneur de recevoir au Capitole
la couronne de laurier qui ceignit le
front de Pétrarque. Les Italiens font
beaucoup de cas des poésies de Corilla;
elle mourut au sein de la gloire, le 7
novembre 1800.

8 NOVEMBRE. — Mme ROLAND.

Marie-Josephe Philippon, femme du
ministre ROLAND, naquit à Paris en 1754,
d'un graveur distingué, qui l'éleva dans
le goût des beaux-arts et des lettres.
Sans être belle, elle avait une physio-

nomie douce et naïve, une taille élégante, de grands yeux noirs pleins d'expression, une voix sonore et flexible,
une conversation attachante, des mœurs
pures, et toutes les vertus domestiques.
Elle se maria à vingt-six ans, et voyagea
successivement en Angleterre et en
Suisse, où elle se passionna pour la
liberté. Fixée dans la capitale, au moment de la révolution, elle reçut chez
elle les chefs du parti populaire, elle
eut souvent part à leurs délibérations,
comme elle avait eu part à plusieurs
actes de son mari, ministre de Louis XVI
d'abord, et ensuite de la République.
Roland ayant été compris dans la proscription du 31 mai 1793, sa femme fut
arrêtée, emprisonnée et condamnée à
mort par le tribunal révolutionnaire.
En allant à l'échafaud, elle salua la
statue de la liberté, en s'écriant: « O
« liberté! que de crimes on commet en

» ton nom ». Elle reçut la mort avec une fermeté stoïque, le 8 novembre 1793, à l'âge de trente-neuf ans. Elle avait annoncé au moment de son supplice que son mari ne lui survivrait pas. Elle ne se trompa point : Roland termina ses jours, aussitôt qu'il apprit la mort de sa femme qu'il idolâtrait. — Mme Roland dès sa neuvième année avait montré le goût d'écrire, en faisant déjà des extraits de Plutarque. Elle a laissé des opucules moraux, et des *Mémoires* qu'on lit avec plaisir.

) NOVEMBRE. — JULIENNE MORELLE.

JULIENNE MORELLE, née à Barcelone, au commencement du dix - septième siècle, fut un prodige d'érudition, et fit l'étonnement de ses contemporains par ses vastes connaissances. Elle possédait quatorze langues, parlait avec facilité, écrivait avec goût. Elle était versée dans la jurisprudence, habile musicienne, docte en théologie, et parfaitement instruite de la doctrine des divers philosophes. A l'âge de douze ans, Julienne Morelle avait soutenu, à Lyon, des thèses publiques sur une foule de matières, qu'elle dédia à la reine d'Espagne. Sa réputation remplissait la France, lorsqu'elle se dégoûta du monde, et embrassa la profession religieuse à Avignon. — Elle y mourut, le 9 novembre 1653.

10 NOVEMBRE. — FRANÇOISE DE BATARNAY.

Françoise de Batarnay, veuve, à vingt-deux ans, de François d'Ailly, pouvait profiter de sa rare beauté et de sa grande fortune pour contracter un second hymen. Plusieurs partis avantageux la re-

cherchaient; elle aima mieux rester
fidèle à la mémoire d'un mari qu'elle
avait tendrement aimé, et qui, pendant
quelques années, avait fait son bonheur.
Elle consacra le temps qu'elle avait
encore à vivre aux actions généreuses,
et fut la mère des orphelins, l'appui de
tous les malheureux. Plusieurs fois elle
voulut s'enfermer dans un monastère;
le cardinal de Joyeuse, son neveu, l'en
détourna, en lui observant qu'elle faisait, dans le monde, plus de bien qu'elle
n'en pourrait faire dans le cloître. On
dit qu'elle vécut vingt ans dans les aus-
térités les plus dures, et qu'elle ne cou-
chait pas dans un lit. Elle mourut saintement le 10 novembre 1618, à quatre-
vingts ans.

11 NOVEMBRE. — ANNE DE CHYPRE.

ANNE DE CHYPRE épousa, en 1431,

2. 17

Louis, duc de Savoye. Elle sut captiver le cœur de son époux et l'amour de ses sujets, par la bonté de son âme, les charmes de sa figure, des manières gracieuses, un esprit conciliant, et un caractère plein de douceur. L'amour qu'on lui portait ne se refroidit point. Son époux gouverna presque toujours selon ses conseils, et il gouverna avec sagesse. Anne de Chypre créa une foule d'établissemens utiles, et fonda plusieurs couvens. On dit qu'elle se fit enterrer dans un habit de cordelier, comme c'était alors la mode. Elle mourut le 11 novembre 1462.

12 NOVEMBRE. — INÈS DE CASTRO.

INÈS DE CASTRO, dame d'honneur de la princesse Constance, femme de Pierre I.er, qui fut depuis roi de Portugal, se distinguait par l'esprit le plus aimable et la beauté la plus éclatante. Pierre en devint amoureux, et Constance, secrètement jalouse, en mourut de chagrin. Inès, qui avait rejeté jusques-là les vœux de Pierre, l'écouta alors plus favorablement. Il était libre, et Inès l'aimait. Pierre épousa en secret sa chère Inès, dont il eut un fils, qui porta le nom de Jean. Pierre n'était encore qu'infant de Portugal. Le roi Alphonse IV, son père, qui voulait pour son fils une alliance plus illustre, prit le parti de sacrifier Inès à la politique; mais, touché de sa beauté, il changeait de résolution, lorsque trois courtisans poignardèrent, le 12 novembre 1344. — Pierre, furieux du meurtre de son épouse, obtint l'exil de ses assassins, et lui fit faire de magnifiques funérailles. — Cette histoire a fourni à Lamotte le sujet de son intéressante tragédie d'*Inès de Castro.*

13 NOVEMBRE. — Mme SHARP.

On n'a mis l'article qui suit que comme
une singularité.

M. et Mme SHARP naquirent tous deux
en Écosse, le 1.er avril 1673; ils s'épou-
sèrent le 1.er avril 1693; ils moururent
tous les deux à Dublin, le 13 novembre
1784, âgés de cent onze ans. — Leur
fille aînée, qui était née le 1.er avril 1694,
fut mariée le 1.er avril 1716, et mourut,
dit-on, le 13 novembre 1761.

14 NOVEMBRE. — MARIE OSTERWICK.

MARIE OSTERWICK naquit, en 1630, à
quelques lieues de La Haye. Dès sa plus
tendre jeunesse, elle montra une grande
passion pour la peinture, et étudia, sous
les meilleurs maîtres, l'art de peindre
les fleurs et les paysages. Elle fit de si
grands progrès, qu'à vingt-cinq ans

plusieurs souverains achetaient déjà ses ouvrages à prix d'or. Marie Osterwick excella dans les fleurs et les plantes; les amateurs vantent son coloris, et le talent admirable avec lequel elle a égalé la nature. — Les beaux-arts la perdirent le 14 novembre 1693, à l'âge de soixante-trois ans.

15 NOVEMBRE. — ABASSA.

ABASSA, sœur du Calife Haroun-al-Raschid, épousa Giafar le barmécide, grand-visir de son frère. Le Calife, en honorant Giafar de son alliance, y avait mis la condition qu'il ne vivrait point avec sa femme, et qu'il ne la verrait qu'à de rares intervalles; il craignait, si sa sœur avait des enfans, que ces enfans ne prétendissent au trône. Mais Giafar et Abassa avaient l'un pour l'autre de l'estime et de l'amour. L'amour leur

fit oublier l'ordre cruel qu'ils avaient
reçu; ils eurent un fils , qu'ils en-
voyèrent secrètement à la Mecque. Le
Calife instruit de ces choses, retira sa
faveur à Giafar et le fit mourir bientôt
après avec toute la famille des Barmé-
cides. Abassa, privée de ses honneurs,
dépouillée de sa fortune, fut chassée
de son palais, et réduite à la misère.
Elle fut rencontrée, quelques années
après par une dame , qui lui demanda
le sujet de ses malheurs ? — « J'avais
» quatre cents esclaves, répondit Abas-
» sa; je marchais sur le marbre et l'or;
» les pierreries couvraient mes vête-
» mens; maintenant je n'ai que deux
» peaux de mouton, dont l'une me sert
» de robe et l'autre de chemise.... Mais
» ma conscience est pure; je ne dois
» pas me plaindre. » Cette dame, re-
connaissant alors la sœur du Calife,
lui donna cinq cents dragmes d'argent,

qui lui causèrent un plaisir aussi vif
que si elle eût retrouvé toutes ses gran-
deurs. — Quelques-uns placent la mort
d'l'Abassa au 15 novembre 804. Elle avait
l'esprit vif, et faisait des vers très-gra-
cieux; on a beaucoup vanté ses charmes et la bonté de son cœur.

16 NOVEMBRE. — MARGUERITE D'ÉCOSSE.

MARGUERITE D'ÉCOSSE, femme de
Louis XI, joignait à la figure la plus
gracieuse et à l'esprit le plus aimable, beaucoup de goût pour les lettres et les sciences. Elle honora les
savans et les poëtes; elle les encouragea par la protection qu'ils étaient toujours assurés de trouver auprès d'elle.
Un jour qu'elle traversait les salles du
palais, elle y vit le poëte Alain Char-
tier, endormi sur une chaise, et s'ap-
procha de lui pour le baiser. Les sci-

gneurs de sa suite s'étonnant qu'elle eût appliqué sa bouche sur celle d'un homme aussi laid, la princesse leur répondit : « Ce n'est pas l'homme que » j'ai baisé, mais la bouche qui a pro- » noncé tant de belles choses. » — La mort enleva Marguerite d'Écosse à l'amour des Français, le 16 novembre 1445. Elle n'avait que vingt-six ans.

17 NOVEMBRE. — CATHERINE II.

CATHERINE II, impératrice de Russie, née Sophie-Auguste d'Anhalt, avait épousé Charles-Frédéric, qui devint grand-duc de Russie, et que l'impératrice Elisabeth désigna pour son successeur. Catherine avait les grâces de son sexe, un esprit vaste et ferme, le goût de tout savoir, l'amour du travail, et une profonde ambition de régner. Elle savait que son époux projettait de la répudier en montant sur le trône : elle s'attacha à se faire un parti puissant, gagna le peuple par sa familiarité, l'armée par ses largesses, les grands par un accueil gracieux et des manières affables. Son époux régnait, depuis quelque temps sous le nom de Pierre III, lorsqu'elle excita une révolte contre lui, de priva de l'empire et de la liberté, et se fit couronner à Moscow en 1762, avec la plus grande solemnité.

Catherine alors régna seule, et son règne fut glorieux. Elle s'occupait des soins les plus pénibles du gouvernement, assistait aux délibérations du conseil, lisait toutes les dépêches des ambassadeurs, dictait toutes les réponses, ne chargeait ses ministres que des détails, et en surveillait encore l'exécution. Elle fonda des hôpitaux, rétablit la marine, et attira une foule d'étrangers dans ses vastes états, par la protection qu'elle

leur assurait , et les encouragemens
qu'elle donnait à l'industrie. Les Turcs,
effrayés de sa grandeur, lui déclarèrent
la guerre ; elle les battit plusieurs fois,
leur tua deux cent mille hommes, et les
força à lui céder des places importantes.
Elle prit aussi une grande partie de la
Pologne , dont elle commença le dé-
membrement ; et ce n'est certainement
pas ce qu'elle fit de plus juste.

Mais tandis qu'elle s'occupait de conquêtes, elle songeait aussi à donner des
lois aux Russes. La législation de ce
grand empire était alors dans son enfance ; les juges avaient un pouvoir ar-
bitraire et sans bornes. Toutes les provinces eurent ordre d'envoyer leurs re-
présentans à Moscow, pour présenter
leurs idées sur les lois qui leur parai-
traient bonnes. Ce fut un spectacle intéressant et nouveau, de voir les députés de tant de peuples, si différents par

eurs mœurs, leur costume, leur lan-
gage, étonnés de se trouver ensemble
pour discuter leurs lois, eux qui n'a-
vaient jamais su qu'obéir aux volontés
absolues d'un maître que souvent ils
ne connaissaient pas. Ces états s'ouvrirent avec une pompe extraordinaire.
On frappa des médailles à leur clôture,
et Catherine, à qui ses sujets venaient
de donner les noms de *grande* et de
mère de la patrie, envoya son code à
la plupart des souverains qui l'admirèrent. Elle fit ensuite visiter ses états par
les savans, chargés d'en remarquer les
productions, les usages, les mœurs, et
la position. Elle introduisit l'inoculation
chez les Russes, en s'y soumettant la
première ; elle éleva des monumens
somptueux, accueillit les savants, ouvrit des banques, protégea le commerce;
elle s'occupa fortement de l'instruction
de ses sujets, établit des écoles dans les

villes et dans les campagnes. Elle avait formé le projet de chasser les Turcs de l'Europe, et de se faire couronner impératrice d'Orient à Constantinople; elle exécutait avec un rapide succès ce plan hardi; mais les puissances voisines, épouvantées, l'empêchèrent d'achever sa conquête, et la forcèrent de faire la paix avec la Turquie. Elle n'approuva point la révolution française, et elle se disposait à envoyer contre la France une armée de quatre-vingt mille hommes, lorsqu'elle succomba à une attaque d'apoplexie, le 17 novembre 1796.

Catherine avait été belle dans sa jeunesse; elle conserva dans les derniers temps de sa vie de la grâce et de la majesté. — Elle voulut réunir tous les genres de gloire : on lui doit plusieurs écrits : *Théâtre de l'Hermitage*, 2 vol. ; *Bibliothèque d'Histoire et de*

Morale; Correspondance avec Voltaire; *Antidote* contre l'abbé Chappe, etc. Elle écrivait toujours en français, parce qu'elle savait très-bien cette langue, et qu'elle préférait notre littérature à celle de tous les autres peuples.

18 NOVEMBRE. — MARIE DE LOUVENCOURT.

MARIE DE LOUVENCOURT, née à Paris, en 1680, se fit remarquer par des qualités brillantes et des talens rares. Elle était belle, modeste, d'un caractère doux et d'un esprit enjoué. Elle avait reçu de la nature d'heureuses dispositions pour les beaux-arts; elle chantait avec goût, jouait très-bien de plusieurs instrumens, et avait de véritables talens pour la poésie. Ses vers sont pour la plupart des *Cantates* sur des sujets

2.   18

amoureux; plusieurs ont été mises en musique par Clérambault et d'autres grands maîtres. On trouve encore des vers de Mlle de Louvencourt dans différens recueils, et dans les entretiens de morale de Mlle Scudéri dont elle était l'amie. — Elle mourut, le 18 novembre 1712, emportant les regrets de tous ceux dont elle était connue.

19 NOVEMBRE. — FULVIA MORATA.

FULVIA MORATA, née à Ferrare en 1526, s'attacha de bonne heure à l'étude des sciences, et se distingua par la sagesse de sa conduite et l'étendue de ses connaissances. Mariée au savant médecin Grunthler, elle suivit son époux en Allemagne, et enseigna publiquement, dans la ville d'Heideberg, les langues grecque et latine. On a d'elle des *Vers latins et grecs* qui

sont fort estimés des gens de goût, et
qu'on a réimprimés plusieurs fois. —
Cette femme célèbre fut enlevée aux
lettres à l'âge de vingt-neuf ans, le 19
novembre 1555.

20 NOVEMBRE. — JEANNE DUMÉE.

JEANNE DUMÉE, née à Paris, prit le
goût des belles-lettres et des sciences
dans l'éducation soignée qu'on lui donna. On l'avait mariée fort jeune, et elle
n'avait que dix-sept ans lorsqu'elle apprit que son mari venait d'être tué en
Allemagne, à la tête d'une compagnie
qu'il commandait. L'amour des sciences
lui fit préférer la liberté du veuvage à
un second hymen; et elle se livra à l'é-
tude avec plus d'ardeur que jamais. Elle
devint bientôt habile dans l'astronomie,
et publia, en 1680, un volume in-4.°
qui eut un grand succès sous ce titre :

*Entretiens de Copernic sur la mobi-
lité de la terre.* Le système de Copernic et les trois mouvemens qu'on donne
à la terre s'y trouvent expliqués avec
autant de netteté que d'adresse. —
Jeanne Dumée mourut le 20 novembre 1706.

21 NOVEMBRE. — LAURE BATTIFERRI.

LAURE BATTIFERRI, née à Urbin en 1513,
se distingua de bonne heure par son
esprit et ses talens dans la poésie. Elle
épousa fort jeune Barthélemy Amma-
nati, célèbre architecte florentin. Ce
mariage fut heureux; et les deux époux,
en cultivant ensemble les arts et les
lettres, s'acquirent une réputation im-
mortelle. Les grâces de Laure embel-
lirent les études sérieuses de son mari.
Elle consacra sa plume à composer et
à traduire des sujets saints; elle y réus-

sit avec tant de gloire, que l'académie
de Sienne s'empressa de l'admettre dans
son sein. Un fameux peintre flamand
lui demanda la permission de faire son
portrait, pour l'emporter en Allemagne,
où l'on désirait vivement de connaître
ses traits. Annibal Caro et Bernardo
Tasso ont fait son éloge ; ce dernier
en parle souvent dans son poëme d'A-
nadis. Les ouvrages de Laure qu'on
admire le plus sont : *les Traductions des
Pseaumes pénitentiaux, la Prière de
Jérémie,* et *l'Hymne de St.-Pierre
Damiens.* Cette muse italienne, mou-
ut, le 21 novembre 1589. Ses ouvrages
ont été réimprimés plusieurs fois.

2 NOVEMBRE. — FRANÇOISE DE SILLY.

FRANÇOISE MARGUERITE DE SILLY, dame
de Montmirail, naquit vers le milieu
du seizième siècle. Ses vertus, son es-

18..

prit et son érudition rendirent son nom célèbre. Elle fut mariée à Philippe Emmanuel de Gondi, et aussitôt après son mariage, elle parut à la cour où elle fut généralement admirée. Ses connaissances en théologie et en morale étaient surprenantes. On dit que les savans les plus illustres de son temps la consultaient sur les points les plus difficiles de ces deux sciences, et mettaient souvent ses conseils à profit. — Elle mourut le 22 novembre 1625.

23 NOVEMBRE. — BÉATRIX GALINDE.

BÉATRIX GALINDE, savante espagnole, née à Salamanque, épousa François Ramirez, secrétaire du roi d'Espagne, et fut nommée dame d'honneur de la reine Isabelle. Elle étonna son siècle par ses talens et ses connaissances : elle fut surnommée *la Latine*, à cause de

la parfaite intelligence qu'elle avait des
auteurs latins, et de sa facilité à parler
familièrement leur langue. Plusieurs
écrivains espagnols, et entr'autres Lopez
de Véga, ont écrit l'éloge de cette dame
illustre. Elle mourut le 23 novembre
1535.

24 NOVEMBRE. — MAGDELEINE DE
VÉNEL.

Magdeleine de Gaillard, née à Mar-
seille en 1620, d'une des plus anciennes
familles de Provence, épousa à l'âge de
seize ans François de VÉNEL, conseiller
au parlement et ensuite conseiller-d'é-
at. Les deux époux gagnèrent la con-
iance d'Anne d'Autriche, qui les fit
enir à sa cour, et les combla de grâces.
Ils les méritèrent par un sage dévoue-
nent et une conduite sans reproche.
M.me de Vénel contribua à la rupture

de Louis XIV avec Mlle de Mancini, qui fut mariée au Connétable de Colonne, et envoyée en Italie. Dans la suite, Mme de Vénel fut nommée gouvernante des ducs de Bourgogne, de Berry et d'Anjou. Elle s'acquitta de cet emploi avec l'esprit, le jugement et les vertus qui la distinguaient, et mourut à Versailles le 24 novembre 1687.

25 NOVEMBRE. — ISABELLE DE CASTILLE.

ISABELLE DE CASTILLE, reine d'Espagne, née en 1451, épousa à dix-huit ans Ferdinand V, roi d'Arragon, et lui apporta en dot la Castille dont elle était héritière. Aux grâces et aux agrémens de son sexe, elle joignait la grandeur d'âme d'un héros, les qualités brillantes d'un conquérant, une politique profonde et adroite ; elle s'occupait de tous les soins du gouvernement, assistait à tous les conseils, et gouvernait avec son époux : tous les actes publics étaient signés de Ferdinand et d'Isabelle. Si le royaume de Grenade fut conquis sur les Maures, si l'Espagne fut découverte, on le dut aux encouragemens de cette princesse. On lui reproche d'avoir rétabli avec son époux, les tribunaux de l'inquisition en Espagne, et d'avoir persécuté les hérétiques, avec une cruauté bien opposée à la douceur de l'évangile. — L'Espagne perdit cette reine, le 25 novembre 1504, à l'âge de cinquante-quatre ans.

26 NOVEMBRE. — ELISABETH D'AU-TRICHE.

ÉLISABETH D'AUTRICHE épousa Charles IX, roi de France, en 1570. Elle surpassait toutes les femmes de son

temps par sa beauté, et plus encore par
ses vertus. Lorsqu'elle apprit le massacre
de la S.ᵗ Barthelemy, elle se jetta toute
baignée de larmes, aux pieds de son
crucifix et demanda pardon à Dieu du
crime atroce que l'on venait de commettre, et qui lui faisait horreur. Peu
intrigante, pleine de patience et de
douceur, elle eut peu de part au gouvernement orageux de Charles IX; elle
ne s'occupa que de conserver le cœur
de son mari par sa modestie et sa complai-
sance, et l'amour de son peuple par ses
bienfaits. Après la mort de Charles IX,
qu'elle pleura sincèrement, cette vertueuse princesse se retira à Vienne en
Autriche, où elle mourut dans sa trente-
huitième année, le 26 novembre 1592.
— Tous les historiens l'ont admirée; et
elle en est digne. Son époux la regardait
comme la femme la plus sage et la plus
aimable, non seulement de la France et

de l'Europe, mais du monde entier. — Elle a composé deux livres, l'un sur *la Parole de Dieu*, l'autre sur *les Événemens les plus considérables qui arrivèrent en France de son temps*.

27 NOVEMBRE. — BLANCHE DE BASSANO.

BLANCHE DE BASSANO s'immortalisa dans le treizième siècle par son courage héroïque et son amour conjugal. Porta, son mari, était gouverneur de Bassano, dont le tyran Acciolin vint faire le siège. Blanche anima par son exemple les assiégés à se défendre, et donna plusieurs preuves d'une valeur intrépide. Mais ses efforts furent inutiles; son mari fut tué; la ville fut prise par trahison; et Blanche, prisonnière, fut présentée au tyran Acciolin. Elle était belle; son air martial, sa pudeur, sa jeunesse, ses

yeux encore humides de larmes, c[e]
mélange frappant de la beauté, du cou[-]
rage et de la douleur, fit une impressio[n]
si vive sur le tyran, qu'il en devint épe[r-]
duement amoureux, et voulut que s[a]
flamme fut payée de retour. Blanch[e]
n'évita les poursuites de ce monstr[e]
qu'en se jetant par une fenêtre. D[e]
graves blessures furent les suites de s[a]
chute ; et le temps qu'il fallut pour le[s]
guérir n'éteignit point les feux impur[s]
du tyran. Il avait épuisé toutes ses res[-]
sources sans la séduire : il la fit lier su[r]
un lit, en lui disant qu'il était maîtr[e]
de disposer d'elle. Blanche, au désespoi[r]
demanda au moins qu'on lui permît d[e]
voir encore le tombeau de son mari. A[
peine fut-il ouvert, qu'elle s'y préci[-]
pita, et qu'entraînant sur elle, par u[n]
effort extraordinaire, la pierre qui ser[-]
vait à le fermer, elle y trouva un[e]
mort prompte, sur le corps de l'épou[x]

qu'elle pleurait. — On place cet évène-
ment tragique au 27 novembre 1233.
Blanche, dit-on, n'avait pas trente ans.

28 NOVEMBRE. — Mme GROTIUS.

GROTIUS s'étant déclaré pour le parti
de Barnevelt, son ami, que les Hollandais firent mourir avec tant d'iniquité,
il fut condamné, par les mêmes juges,
à une prison perpétuelle. Sa femme obtint la liberté de le voir dans sa prison,
et elle imagina ce moyen de l'en tirer.
Après bien des prières et des démar-
ches, on avait permis à Mme Grotius
de faire porter, à son mari, du linge
et des livres. Pendant quelques mois,
elle accoutuma les geoliers à voir passer
et repasser un grand coffre dans lequel
elle envoyait ce que désirait le prisonnier. Lorsqu'elle eut pris toutes ses pré-
cautions, elle fit consentir son mari à

2. 19

s'enfermer lui-même dans cette caisse,
et à se laisser transporter chez elle, d'où
il pourrait sortir promptement de la
Hollande. Le jour convenu pour l'exécution de ce projet, Grotius feignit une
maladie et resta en robe de chambre.
Sa femme, en lui amenant la caisse,
affecta, de son côté, la plus vive douleur. Quand ils se virent seuls, Grotius
se plaça dans le coffre; sa femme le
ferma, et dit qu'elle restait pour soigner
son mari. Cette conduite écarta tout
défiance; les geôliers laissèrent partir
le coffre sans le visiter : Grotius s'é-
chappa, et trouva en France un asyle.
Le lendemain, Mme Grotius fit dire au
gouverneur de la prison que son mari
était en liberté.... On voulut d'abord
lui en faire un crime capital; mais
après un moment de réflexion, on eut
honte de punir une action si belle, et
cette dame alla rejoindre son mari. —

Elle ne le quitta plus qu'à sa mort, arrivée le 28 novembre 1636. — La figure
de Mme Grotius n'était pas aussi belle
que son âme. Pendant qu'elle était à la
cour de Suède, avec son époux, un
jeune seigneur demanda à une demoiselle, qu'il ne connaissait point, *quel*
tait ce monstre si laid ? — Monsieur,
lui répondit-on, c'est ma mère.... Il
parlait à Mlle Grotius....

29 NOVEMBRE. — MARIE THÉRÈSE.

MARIE-THÉRÈSE, impératrice d'Allemagne, reine de Hongrie et de Bohême,
née en 1717, monta sur le trône à vingt-
trois ans, après la mort de Charles VI
son père. Elle avait épousé François de
Lorraine. Les souverains de l'Europe,
qui semblaient redouter peu l'époux de
Marie-Thérèse, et qui ne s'attendaient
pas à trouver une grande résistance dans

cette jeune impératrice, résolurent de
lui enlever la plupart de ses provinces.
Le roi de Prusse envahit la Silésie et la
Moravie ; l'électeur de Bavière se fit
couronner archiduc d'Autriche, roi de
Bohême, et empereur, sous le nom de
Charles VII. Marie-Thérèse n'avait pas
régné un an, qu'elle fut obligée d'abandonner Vienne. Elle se jeta entre les
bras des Hongrois, et leur présentant
le fils qu'elle venait de mettre au monde,
elle leur dit, « qu'abandonnée de ses amis,
persécutée par ses ennemis, attaquée
par ses plus proches parens, elle n'avait
plus de ressource qu'en leur fidélité, et
qu'elle comptait sur leur courage.... »
Les belliqueux Hongrois s'écrièrent, en
tirant leurs sabres, qu'ils mourraient
pour Marie-Thérèse. L'impératrice avait
perdu toutes ses villes; mais il lui restait ses grands talens, sa fermeté, et
l'amour de ses peuples. Elle sut les ral-

lier, obtenir des secours et vaincre tous ses ennemis. Après huit ans de guerre, elle avait tout reconquis, et régnait en paix. Elle s'occupa de réparer les maux de ses sujets, de les rendre heureux. Elle encouragea les arts et le commerce, embellit Vienne, établit une foule de manufactures, éleva des académies, les universités, des colléges, des biblio- hèques, des observatoires. Ce calme heureux fut troublé par une nouvelle irruption du roi de Prusse. Il fallut re- prendre les armes; mais les Prussiens furent vaincus, et l'ordre militaire de Marie-Thérèse fut fondé, pour perpé- uer le souvenir de cette victoire. — L'impératrice perdit son époux en 1765, et, depuis ce moment, elle ne quitta point le deuil.

Après un règne glorieux, Marie-Thé- èse quitta la vie sans se plaindre, et les randeurs sans les regretter. Elle expira à Vienne, le 29 novembre 1780, âgée de soixante-trois ans, pleurée de tous ses sujets, qui l'avaient surnommée *la Mère de la patrie*. Elle avait régné quarante ans.

Marie-Thérèse n'avait d'autre garde que l'amour de ses sujets. Les plus petits l'abordaient comme les plus puissans. — « Je ne suis qu'*un gueux de* » *paysan*, disait un pauvre laboureur » de la Bohême ; mais je parlerai à notre » bonne reine quand je voudrai ; et elle » m'écoutera, comme si j'étais un *mon-* » *seigneur....* » Marie-Thérèse (dit un historien), fut la plus grande princesse, et la plus aimable femme de son siècle. Son esprit était aussi excellent que son cœur. La simple nature l'avait formé. Sa figure, l'une des plus belles qu'on ait vues, respirait la bonté et la franchise. Elle se reprochait le temps qu'elle donnait au sommeil, comme autant de

dérobé à son peuple.... Un poète a fait
ces vers à son sujet :

Marc-Aurèle, autrefois des princes le modèle,
Sur les devoirs des Rois écrivait de son mieux ;
    Et Thérèse fait à nos yeux
    Tout ce qu'écrivait Marc-Aurèle.

30 NOVEMBRE. — YOLANDE DE CÉO.

YOLANDE DE CÉO, ou CIEL, célèbre religieuse portugaise, naquit à Lisbonne, en 1603, et entra, dès sa plus tendre enfance, dans le couvent de la Rose. Elle se distingua par un talent singulier pour la poésie. A seize ans, elle composa une comédie en vers, intitulée : *la transfiguration de Dieu ;* cette pièce fut jouée en présence de Philippe II, roi d'Espagne, et obtint un succès si extraordinaire, que sœur Yolande, charmée d'avoir si bien réussi, se livra entièrement à ce genre de travail. Elle a laissé deux volumes in-folio de *Pièces de théâtre.* On trouvera peut-être ce genre de composition un peu bizarre dans une religieuse, mais ses sujets sont tous saints et ressemblent à nos anciens *mystères.* Tel était le goût du temps et du pays. — Le Portugal se fait honneur des ouvrages de sœur Yolande, qui mourut le 3o novembre 1693, à quatre-vingt-dix ans.

1.ᵉʳ DÉCEMBRE. — BLANCHE DE CASTILLE.

BLANCHE DE CASTILLE, reine de France, épousa Louis VIII en 1200 et fut mère de saint Louis. Elle le nourrit de son lait, et l'éleva, ainsi que ses autres enfans, dans la plus exacte piété. Elle s'acquitta de ses devoirs de mère, avec une tendresse qu'on ne saurait trop admirer. Un jour qu'elle était malade, une dame de sa suite donna à téter au jeune Louis; mais Blanche mit le doigt dans la bouche du petit prince et lui fit rendre le lait qu'il venait de prendre. Comme cette action, un peu vive, étonnait ceux qui se trouvaient présens : — Prétendez-vous, leur dit-elle, que je renonce au titre de mère que je tiens de Dieu et de la nature?....... Louis VIII étant mort, Blanche fut régente du royaume, en 1226, pendant la minorité de saint Louis. Elle déjoua les entreprises des Anglais, qui voulaient profiter du règne d'une femme pour mettre le pied en France, et triompha de plusieurs ligues formées contre elle par les grands vassaux de la couronne. En reprochant à cette reine l'art avec lequel elle conserva son ascendant sur son fils, tous les historiens lui accordent beaucoup de talens et de courage, et la regardent comme une de nos plus illustres reines. Lorsque saint Louis voulut partir pour ses croisades, elle prévit les maux qui en résulteraient, et s'y opposa de tout son pouvoir; mais n'ayant pu empêcher les Français de se rendre en Palestine, elle reprit le gouvernement du royaume, et régna toujours avec autant d'habileté que de sagesse. Blanche avait une âme forte, un esprit solide, une beauté parfaite. Elle fut aimée, et s'attira les respects. — Après une carrière glorieuse, elle mourut à cinquante-six ans, le 1.er décembre 1252.

2 DÉCEMBRE. — CHARLOTTE DE MONTMORENCY.

CHARLOTTE-MARGUERITE DE MONTMO-RENCY, princesse de Condé, née en 1594, parut à quinze ans à la cour de France. Elle était si belle, que les plus vieux courtisans avouaient qu'ils n'avaient jamais vu une beauté pareille. Henri IV en devint éperdument amoureux, et si l'on considère l'âge de Charlotte et la barbe blanche du roi, on ne pourra regarder cette passion que comme une folie. Malgré ses quinze ans, la jeune princesse, mariée au prince de Condé, fut fidelle à ses devoirs d'épouse, et fit un voyage en Italie pour se sous-

traire à la tendresse trop vive du monarque, qui mourut bientôt après.
Charlotte donna plus d'une fois à son
époux des preuves de l'amour qu'elle
lui portait : en 1617, le prince de Condé
ayant été renfermé à la Bastille, comme
elle ne put obtenir son élargissement,
elle demanda la permission de s'y ren-
fermer avec lui, et sut, pendant sa dé-
tention qui dura plus de deux ans, le
consoler et adoucir ses chagrins. Dans
tout le reste de sa vie, elle fut le conseil de son mari, et mérita l'estime gé-
nérale par sa conduite. Elle mourut
quatre ans après le prince de Condé, le
2 décembre 1650. — Louis de Bourbon,
dit *le Grand Condé*, était son fils.

3 DÉCEMBRE. — LA REINE DE NAVARRE

MARGUERITE DE VALOIS, reine de Navarre, sœur de François I.ᵉʳ, née

Angoulème en 1492, chérissait tellement le roi de France, son frère, que
lorsqu'il fut prisonnier en Espagne, elle
fit un voyage à Madrid pour le consoler.
Pendant une maladie que fit ce prince,
elle disait que le courrier qui lui annon-
cerait sa guérison, fût-il las, harassé et
fangeux, elle l'embrasserait comme le
plus aimable gentilhomme. La fermeté avec laquelle elle parla à Charles-
Quint, l'obligea à traiter François I.er
avec les égards dus à son rang. Ce monarque, de retour en France, chercha
tous les moyens de témoigner sa reconnaissance à Marguerite. Il lui fit de
les grands avantages, en la mariant à
Henri d'Albret, roi de Navarre, et conserva toujours avec elle une correspondance
pleine de douceurs. Marguerite s'occupa
sur le trône du bonheur de ses nouveaux sujets. Elle encouragea l'agricul-
ture, les arts, les sciences et le com-

merce. Cette princesse joignait à tous
les agrémens de son sexe, un esprit solide, de grandes lumières, un cœur
généreux. Elle écrivait avec goût en
vers et en prose; sa beauté et ses poésies lui acquirent les surnoms de *qua-
trième Grâce* et de *dixième Muse*. On
lit toujours avec plaisir ses *Nouvelles*
et ses autres ouvrages. Il y a de l'esprit,
de l'imagination, de la naïveté dans les
contes de Marguerite. Mais on y trouve
bien souvent des choses obscènes, qui
feraient mal penser des mœurs de cette
princesse, si l'on n'était assuré que Marguerite fût aussi sage que belle. —Elle
mourut le 3 décembre 1549, à cin-
quante-sept ans.—Jeanne d'Albret, qui
fut mère de notre Henri IV, était fille de
Marguerite.

4 DÉCEMBRE. — Mme DE TENCIN.

Claudine-Alexandrine Guérin de

TENCIN, se rendit célèbre par les charmes de son esprit, et les agrémens de sa figure. Elle cultiva les lettres avec succès et se fit de nombreux protecteurs : Benoit XIV, avec qui elle était en correspondance, lorsqu'il n'était que cardinal, lui envoya son portrait lorsqu'il fut Pape, et continua de l'honorer de ses lettres. La maison de Mme de Tencin fut long-temps le rendez-vous de ce qu'il y avait de plus spirituel à Paris. Elle appelait les gens de lettres ses *bêtes*; mais il y avait de l'honneur à être reçu dans cette *ménagerie* spirituelle. Nous avons de cette dame célèbre : *le Siège de Calais*, nouvelle pleine de délicatesse; *Mémoires de Comminges*, remarquables par un intérêt touchant et soutenu; *les Malheurs de l'amour*, que l'on croit l'histoire même de Mme de Tencin; *les Anecdotes d'Édouard II*, etc. toutes les œuvres de cette dame ont été recueillies en sept vol. in-12. — L'auteur mourut à Paris, le 4 décembre 1749, dans un âge avancé. — On a reproché à Mme de Tencin quelques intrigues ; mais on a beaucoup loué son zèle à rendre service.

5 DÉCEMBRE. — LA PRINCESSE DES URSINS.

Anne-Marie de la Trimouille, princesse des URSINS, fut nommée en 1698 *Camerera-Mayor*, ou dame d'honneur de Louise Marie de Savoye, reine d'Espagne, et première femme de Philippe V. Elle prit le plus grand ascendant sur l'esprit du roi et de la reine, et gouverna presque sous leur nom. Mais la reine étant morte en 1712, la princesse des Ursins fut obligée de quitter l'Espagne ; elle se retira à Rome, où elle mourut à quatre-vingts ans, le 5 décembre 1722.

« Les historiens, dit l'abbé Millot,

ont trop cherché à flétrir la mémoire de
la princesse des Ursins, et trop peu
connu ce qu'elle possédait de qualités
respectables. Elle avait le talent des affaires, avec celui de l'intrigue; de l'é-
lévation dans les sentimens, avec les
petitesses de la vanité ; beaucoup de
zèle pour ses maîtres, avec la jalousie
de la faveur; moins de vertus et d'a-
grémens que Mme de Maintenon, mais
plus de force d'esprit et de caractère. Si
elle fit quelques fautes, elle rendit aussi
de grands services; car elle fut le conseil,
le soutien d'une jeune reine sans expé-
rience, qui se fit adorer de ses peuples,
qui anima le roi dans les circonstances
les plus orageuses, qui le rendit supé-
rieur à toutes les tempêtes, et qui sans
cesse fut exposée avec lui à se perdre par
de fatales imprudences. L'Espagne était
alors très-difficile à gouverner. Le courage de la princesse des Ursins, au mi-

lieu des périls extrêmes du monarque, contribua beaucoup à le maintenir sur le trône ».

6 DÉCEMBRE. — VALENTINE DE MILAN.

VALENTINE DE MILAN, duchesse d'Orléans, avait autant d'esprit que de beauté. Dans les accès de sa folie, Charles VI ne se laissait gouverner que par elle. Le peuple, alors ignorant et superstitieux, prétendit qu'elle l'avait ensorcelé ; il est certain que si elle l'avait charmé, ce n'était que par son enjouement et ses grâces. L'époux de Valentine, Louis, duc d'Orléans, ayant été assassiné par les gens du duc de Bourgogne, sa veuve fit tous ses efforts pour obtenir justice de ce meurtre. Mais n'ayant pu venger la mort de son époux, elle en mourut de douleur, le 6 décembre 1408.

7 DÉCEMBRE. — Mme RICCOBONI.

Marie Laboras de Mézières, née à Paris en 1714, épousa Louis Riccoboni, et joua comme lui la comédie. Elle contribua par ses conseils et la pureté de son goût au succès des pièces de théâtre de son mari, et publia elle-même plusieurs romans pleins d'intérêt et de grâces. Les principaux sont : *Ernestine; Amélie, Lettres de Fanny Butler, Histoire du marquis de Cressy, Lettres de miladi Catesby, Lettres de la comtesse de Sancerre, miss Jenny, Lettres de milord Rivers, l'Amant Bourru, Lettres de Sophie de Valière*, etc. ; on les a recueillis plusieurs fois, et les dames les liront toujours avec plaisir. — Mme Riccoboni mourut à soixante huit ans, dans un état voisin de la pauvreté, le 7 décembre 1792.

8 DÉCEMBRE. — ELISABETH DE BAVIÈRE.

ÉLISABETH CHARLOTTE DE BAVIÈRE, née en 1652, épousa Philippe de France, duc d'Orléans, frère de Louis XIV, et fut mère de Philippe d'Orléans, régent sous la minorité de Louis XV. Élisabeth, élevée par son père, eut toutes les qualités de l'esprit et du cœur ; elle se fit admirer à la cour de France, par ses vertus et par son goût pour les sciences et les lettres : les savans et les enfans des muses trouvèrent toujours en elle une protectrice zélée. — Elle mourut, regrettée de toute la France, le 8 décembre 1722. Les riches collections de livres, de monumens et de médailles qu'elle avait recueillies avec le plus grand soin, montrèrent quels avaient été ses goûts et ses plaisirs.

9 DÉCEMBRE. — JULIE DE MAILLY.

LOUISE JULIE DE MAILLY, fille du marquis de Nesle, née en 1710, parut à la cour avec toutes les grâces de l'esprit et de la figure. Louis XV fut son ami, et bientôt son amant ; mais Mme de Mailly ne fut pas long-temps égarée. Elle se retira de la cour, où sa beauté lui avait fait courir de si grands dangers, où ses faiblesses lui avaient préparé des repentirs, et mourut chrétiennement, le 9 décembre 1751, dans un âge peu avancé.

10 DÉCEMBRE. — Mme LE GUERCHOIS.

Mme LE GUERCHOIS, née d'Aguesseau, et sœur du célèbre chancelier de ce nom, naquit à Paris en 1679. Elle eut les vertus et une partie des talens de son frère. Elle fut un modèle accompli de sagesse et employa sa plume solide à de pieux travaux. On lui doit des *Réflexions chrétiennes sur les livres historiques de l'Ancien Testament ; Pratiques pour se disposer à la mort; Avis d'une Mère à son fils ;* etc. — Mme le Guerchois mourut, dans les plus grands sentimens de piété, le 10 décembre 1740.

11 DÉCEMBRE. — ANNE RADCLIFFE.

ANNE RADCLIFFE, née en Angleterre, se fit un nom *terrible*, à la fin du dernier siècle, par ses romans tragiques, son imagination sombre et lugubre, ses tableaux effrayans. A ces histoires de spectres hideux, à ces monstrueuses aventures, à ces horreurs que l'on rencontre à chaque pas dans les romans d'Anne Radcliffe, on ne soupçonnerait guères la plume d'une femme !... Les

Madame de Graffigny

principales productions de cette muse sépulchrale sont : *le Tombeau* ; *les Mystères d'Udolphe* ; *l'Italien, ou le Confessionnal des Pénitens noirs* ; *Julia, ou les Souterrains de Mazzini* ; *la Forêt, ou l'Abbaye de Saint-Clair*, etc. Tous ces romans ont été traduits en français, la plupart par l'abbé Morellet. — Anne Radcliffe est morte, dit-on, le 11 décembre 1800.

12 DÉCEMBRE. — Mme DE GRAFFIGNY.

Françoise d'Issembourg d'Happoncourt, née à Nancy en 1694, fut mariée ou plutôt sacrifiée à François Hugot de GRAFFIGNY, chambellan du duc de Lorraine. C'était un homme emporté, violent, sans vertus, pétri de vices et de mauvaises qualités, avec qui elle courut plusieurs fois risque de la vie. Elle supporta bien des années, avec une

patience incroyable, les mauvais traitemens et les fureurs de cet époux, dont
elle eut enfin le bonheur d'être séparée
juridiquement. Cet homme termina sa
vie dans une prison où l'avaient conduit sa violence et ses mauvaises actions. Mme de Graffigny, libre de ses
chaînes, vint à Paris, où elle devait se
faire une réputation si brillante. Des
gens d'esprit, réunis dans une société
où elle avait été admise, la forcèrent
de donner quelque chose pour le *recueil de ces Messieurs*, vol. *in-*12,
publié en 1745. Elle fournit la Nouvelle Espagnole, intitulée : *le Mauvais
exemple produit plus de vices que de
vertus.* On critiqua cette bagatelle;
Mme de Graffigny répondit aux critiques
en faisant mieux. Ses *Lettres d'une
Péruvienne* eurent le plus grand succès. Des tableaux ingénieux, des images tracées par les grâces, des pensées

délicates, un style plein de goût, des passions bien peintes, voilà ce qui fera toujours lire et aimer cet ouvrage. On peut dire la même chose de *Cénie*, comédie larmoyante en cinq actes et en prose, qui fut très-applaudie et qui mérite de l'être. *La Fille d'Aristide*, drame du même genre, fut reçue plus froidement. — Les œuvres de Mme de Graffigny forment 4 vol. in-12. — Elle avait le cœur sensible et bienfaisant, des mœurs douces, de la modestie, un jugement solide. Elle mourut à Paris le 12 décembre 1758, à soixante-quatre ans.

13 DÉCEMBRE.—JEANNE DE CHANTAL.

Jeanne-Françoise Fremiot de CHANTAL, née à Dijon en 1572, épousa Christophe de Rabutin, et fut dans son ménage un modèle parfait de toutes les vertus chrétiennes. Veuve à vingt-huit ans, sa piété ne se démentit point ; elle fit vœu de ne pas se remarier et ne vécut depuis que pour Dieu et ses enfans. Leur éducation était l'objet de ses soins les plus chers ; soulager les pauvres, secourir les malades, visiter les hôpitaux, furent ses seuls délassemens. Elle établit, de concert avec Saint-François-de-Sales, l'ordre de la Visitation, et plusieurs monastères, qu'elle édifia par ses vertus et son zèle. Elle mourut à Moulins, le 13 décembre 1641, âgée de soixante-dix ans. On publia ses *Lettres* en 1660. Clément XII l'a canonisée en 1767.

14 DÉCEMBRE. — CATHERINE ADORNI.

Catherine Fieschi, née à Gênes en 1447, fut mariée très-jeune à Julien Adorni, gentilhomme Génois, dont le cœur était dépravé et les mœurs dissolues. Elle eut beaucoup à souffrir avec un pareil époux; mais à force de patience et de douceur elle parvint à le toucher; et il réformait sa conduite, lorsque la mort l'emporta. Sa veuve ne voulut point lui donner de successeur; elle se retira dans un hôpital, où elle se plut à servir les pauvres malades. Elle eut, *dit-on*, des extases, pendant lesquelles elle parlait en vers. — Catherine mourut le 14 décembre 1510, laissant plusieurs ouvrages, dont les principaux sont un *Dialogue de l'ame et du corps*, et un Traité sur le *Purgatoire*.

15 DÉCEMBRE. — CLOTILDE DE SURVILLE.

Marguerite-Éléonore Clotilde de Vallon-Chalys, née dans le Bas-Vivarais, en 1405, eut de bonne heure le goût de la poésie et de l'étude. A onze ans, elle traduisit en vers une *ode* de Pétrarque, avec une grâce qu'on ne put trop admirer. Clotilde aima Bérenger de SURVILLE et l'épousa à seize ans. Mais au bout d'un an, Bérenger fut obligé d'aller rejoindre Charles VII, qui combattait pour reconquérir la France sur les Anglais ; et sa tendre épouse célébra la douleur de cette séparation dans une *héroïde* touchante, et d'une élégance de style bien extraordinaire pour le temps. Clotilde avait entrepris un poëme, et un roman historique, qui ne sont pas venus jusqu'à nous. On ne nous a conservé qu'un volume de-ses *Poésies légères*, qui fut trouvé en 1782, dans les archives de sa maison, et publié en 1802. Clotilde vécut fort long-temps.- A quatre-vingt-dix ans, elle chantait encore la victoire remportée à Fornoue, par Charles VIII. — Quelques-uns ont dit qu'elle mourut le 15 décembre 1496 à quatre-vingt-onze ans. — La vérité des sentimens, la justesse des expressions, la liaison des idées, l'adresse des transitions, la naïveté, un esprit doux, de la délicatesse, voilà ce qu'on trouve dans les charmantes poésies de Clotilde.

16 DÉCEMBRE. — ELISABETH DE SOMMERSET.

ELISABETH DE SOMMERSET, duchesse de Powis, gouvernante du prince de Galles, fils de Jacques II, roi d'Angleterre, se rendit célèbre par son esprit, ses vertus et son courage. Dans des conjonctures difficiles, elle déploya une pénétration singulière et une habileté peu commune. Elle sut déjouer toutes les intrigues de cour, dans les momens où l'intrigue était continuellement en action. Son père ayant été proscrit et constitué prisonnier en Angleterre, elle vendit ses pierreries, ses bijoux, et n'obtint sa liberté, qu'en sacrifiant tout ce qu'elle possédait. Elle fut arrêtée elle-même, et renfermée pendant des troubles dans la tour de Londres; mais elle confondit si éloquemment ses ennemis, que les juges la renvoyèrent absoute. On place la mort de cette dame au 16 décembre 1705.

17 DÉCEMBRE. — Mme DE MAYOLLE.

LA COMTESSE DE MAYOLLE honora la France et le dix-septième siècle, par ses talens et son goût pour l'étude. On ne connaît guères son mérite que par les éloges des contemporains qui admirèrent les pièces de vers et de prose qu'elle publia dans différens recueils. Il nous reste cependant de cette dame un ouvrage intitulé : *la République de Naples*, qu'elle traduisit de l'italien avec beaucoup d'élégance. Elle mourut, dit-on, le 17 décembre 1698.

18 DÉCEMBRE. — MARIE TINTORET.

MARIE TINTORET, fille du célèbre peintre de ce nom, naquit en 1560, avec les plus heureuses dispositions pour la peinture. Son père, qui la chérissait tendrement, l'éleva avec le plus grand soin ; souvent il l'habillait en garçon pour la conduire plus aisément dans les salons et les ateliers des peintres. Elle réussit d'une manière admirable dans le portrait, et se fit un grand nom par sa touche gracieuse et facile, son coloris brillant, son adresse à saisir la ressemblance. Mais elle fut ravie dans la fleur de l'âge, à son père, qui en fut inconsolable, et aux beaux-arts dont elle était l'ornement. Elle mourut, dans sa trentième année, le 18 décembre 1590.

19 DÉCEMBRE. — ANTOINETTE DE LOYNES.

ANTOINETTE DE LOYNES, née à Paris, vers le milieu du seizième siècle, se distingua sur le Parnasse français par la délicatesse et la facilité de ses poésies. Ceux de ses poëmes que l'on estime le plus ont été publiés dans le recueil intitulé : *Tombeau de la reine de Navarre*. — Antoinette de Loynes mourut le 19 décembre 1605.

20 DÉCEMBRE. — MARGUERITE DE PROVENCE.

MARGUERITE DE PROVENCE épousa saint Louis en 1234. C'était une des plus belles femmes de son temps, et elle était encore plus sage que belle. La reine Blanche, jalouse de l'affection que saint Louis lui portait, les empêchait quelquefois de se voir long-temps,

de peur qu'elle ne prît trop d'influence
sur l'esprit de son époux. Cette espèce
de gêne fit qu'ils s'aimèrent davantage.
Marguerite suivit saint Louis aux croisades, et accoucha à Damiette, en 1250,
d'un fils que l'on nomma *Tristan*,
parce qu'il naquit dans de fâcheuses
circonstances. Quelques jours aupara-
vant, elle avait reçu la nouvelle que
son époux était prisonnier. Elle en fut
si effrayée, et redouta tellement de voir
les Sarrazins entrer dans la ville, qu'elle
fit veiller, dans sa chambre, un chevalier de quatre-vingts ans, à qui elle fit
promettre qu'il lui couperait la tête, si
les infidèles se rendaient maîtres de Damiette. Le chevalier lui répondit naïve-
ment qu'*il y avait déjà songé* ... Fort
heureusement, les Sarrazins ne purent
surprendre Damiette. De retour en
France, Marguerite fut le conseil de
son époux. Son esprit était si juste, son

jugement si droit, que souvent des princes la prirent pour arbitre de leurs différends. — Elle mourut à Paris, généralement regrettée, le 20 décembre 1285, à soixante-seize ans.

21 DÉCEMBRE. — LA DUCHESSE D'AMALFI.

Constance d'Avalos, duchesse D'AMALFI, joignit l'éclat des talens à celui de la naissance, et acquit, par ses ouvrages, un nom que sa noblesse ne lui eût point donné. Ses *Odes* italiennes sont pleines de force et de grandes pensées; le style en est élégant, les vers harmonieux, le ton bien soutenu ; elles ont été imprimées à la suite des poésies de Victoire Colonne. — On a souvent fait l'éloge de cette femme célèbre, qui mourut à Naples, sa patrie, le 21 décembre 1560.

22 DÉCEMBRE. — Mme DE L'ESCLACHE.

Mme DE L'ESCLACHE fut, par son érudition et son amour pour les sciences,
l'un des ornemens du dix-septième
siècle. Elle était sur-tout très-versée
dans la philosophie ; et elle composa
plusieurs livres de morale qu'elle publia, par modestie, sous le nom de son
mari. — Elle mourut le 22 décembre
1669.

23 DÉCEMBRE. — LOUISE DE FRANCE.

LOUISE-MARIE DE FRANCE, fille de
Louis XV, née à Versailles, en 1737,
fut élevée dans l'abbaye de Fontevrault,
où elle puisa les sentimens de piété qui
ne la quittèrent plus. Après la mort de
Marie Leczinska, sa vertueuse mère,
elle se fit carmélite ; et l'austérité de la
vie monastique n'altéra pas la douceur

de son caractère. Elle fut le modèle
des religieuses, ses compagnes, et mourut, dans leurs bras, le 23 décembre
1787, âgée de cinquante-un ans.

24 DÉCEMBRE. — MODESTA DEL POZZO.

MODESTA DEL POZZO, plus connue sous
le nom de *Fonte-Moderata*, qu'elle se
donna en livrant ses ouvrages au public, se rendit célèbre, en Italie, par
la facilité de son esprit et la grâce de
son style. Elle était née à Venise, en
1555. Sa mémoire était si heureuse,
qu'elle répétait mot pour mot un ser-
mon, après l'avoir entendu une seule
fois. On lui doit un poëme italien, en
l'honneur de son sexe, intitulé : *le Mérite des Dames;* et un autre poëme en
treize chants, qui porte le titre de *Flo-
ridor*. On trouve, dans les vers de
cette célèbre italienne, des idées agréa-

bles, de la délicatesse, et beaucoup d'esprit naturel, accompagné de grandes connaissances. — Elle mourut le 24 décembre 1592, à l'âge de trente-sept ans.

25 DÉCEMBRE. — CHRISTINE DE FRANCE.

CHRISTINE DE FRANCE, fille de Henri IV et de Marie de Médicis, naquit en 1606, et épousa à treize ans Victor - Amédée, duc de Savoye, dont elle eut six enfans. Elle passa ses jours dans les soins de leur éducation, et dans la pratique de toutes les vertus. Veuve, après dix-huit ans de mariage, elle gouverna, pendant la minorité, avec autant de sagesse que de douceur. Elle avait la piété de Louis XIII son frère, sans avoir ses défauts. Elle bâtit quelques monastères, répara des églises, protégea les arts et le commerce, et mourut, pleurée de ses sujets, le 25 décembre 1663.

26 DÉCEMBRE. — JEANNE D'ARAGON.

JEANNE D'ARAGON, femme d'Ascagne Colonne, prince de Tagliacozzi, se plaça par son mérite dans le nombre des femmes qui illustrèrent le seizième siècle. La beauté était son moindre avantage; elle avait un courage intrépide, une prudence admirable, et beaucoup de capacité dans les affaires. Dans les démêlés que la famille des Colonnes eut avec les Papes, elle déploya toutes ses qualités. On lui défendit de sortir de Rome. Un reste de respect pour son sexe fit qu'on ne l'emprisonna point. Mais comme on la gardait à vue, elle résolut de s'échapper; et, quoique fort âgée, elle monta un cheval, et s'enfuit heureusement auprès du duc d'Albe, qui la reçut avec égard. Elle mourut, dit-on, le 26 décembre 1574. — On a publié un recueil de vers à sa louange.

27 DÉCEMBRE. — ANNE DE FERRARE.

ANNE DE FERRARE épousa en 1549 Guise *le Balafré*, à qui le parlement donna le nom de *Conservateur de la Patrie*. Dans le combat où le duc de Guise déploya tant de courage, Anne partagea ses dangers, et suivit ses aventures. Son époux et ses fils étant devenus chefs de la ligue, elle adopta toutes leurs opinions, sans les examiner, et n'abandonna jamais leur cause. Après l'assassinat de son époux, elle poursuivit avec ardeur la punition du meurtier, et ne s'occupa de sa douleur qu'après avoir satisfait sa vengeance. — Lorsque la ligue fut dissipée, Anne de Ferrare acheva ses jours dans la retraite, et mourut le 27 décembre 1609.

28 DÉCEMBRE. — Mme DE GOMEZ.

Magdeleine-Angélique Poisson, née à Paris en 1684, était fille du comédien Paul Poisson. Elle avait de l'esprit, des grâces et quelqu'éducation : Gabriel de Gomez, gentilhomme espagnol, mal traité de la fortune, l'épousa dans l'espoir de trouver quelque ressource dans ses talens. Mme de Gomez croyait, de son côté, épouser un homme riche. Lorsqu'ils se furent avoués mutuellement qu'ils n'avaient rien, elle chercha dans sa plume, le moyen d'éviter l'indigence. Des tragédies et les romans qu'elle produisit avec fécondité, lui fournirent de quoi vivre honnêtement. — Ses principaux ouvrages sont *les cent Nouvelles nouvelles*, *les Journées amusantes*, *l'Histoire secrète de la Conquête de Grenade*, *les Anecdotes Persanes*, etc.

et quatre tragédies : *Habis, Cléarque,
Marsilic, Sémiramis.* On ne joue plus
le théâtre de Mme de Gomez; mais on
lira toujours avec plaisir la plupart de
ses romans. — Elle mourut à Saint-
Germain-en Laye, le 28 décembre 1770,
à quatre-vingt-six ans.

29 DÉCEMRRE. — GABRIELLE DE VILLENEUVE.

Gabrielle-Suzanne Barbot, veuve de
Jean - Baptiste de VILLENEUVE, s'exerça
dans le genre des romans, où son esprit
et la douceur de son imagination lui
assurèrent des succès. On lui doit *le
Phœnix conjugal, la Jeune Améri-
caine, les Belles Solitaires, le Juge
prévenu, les Contes de cette année,
le Temps et la Patience, la Jardi-
nière de Vincennes,* etc. Le dernier
est celui qu'on lit davantage. Les ca-

22.

prices de la fortune et de l'amour y sont
tracées de la manière la plus heureuse;
on y trouve des sentimens nobles et des
situations attendrissantes. — Mme de
Villeneuve mourut le 29 décembre 1755.

30 DÉCEMBRE. — Mme DE MOTTEVILLE.

Françoise Bertaud, dame de MOTTE-
VILLE, née en 1615, plut à la reine
Anne d'Autriche, par son esprit et ses
manières aimables. Cette princesse la
garda auprès d'elle et en fit sa favorite.
La reconnaissance des bienfaits de la
reine, inspira à Mme de Motteville le
dessein d'écrire les Mémoires que l'on
a publiés sous ce titre : *Mémoires pour
servir à l'Histoire d'Anne d'Autriche*.
On trouve dans cet ouvrage quelques
morceaux trop connus, mais beaucoup
d'anecdotes curieuses, et une grande
connaissance de la cour, sous la mino-

rité de Louis XIV. Plusieurs lettres très-spirituelles de Mme de Motteville ont été publiées aussi dans le recueil de Mlle de Montpensier. — Elle mourut à Paris le 30 décembre 1689, à soixante-quatorze ans, très-regrettée pour les agrémens de son esprit et de son caractère.

31 DÉCEMBRE. — GABRIELLE DE BOURBON.

GABRIELLE DE BOURBON, fille de Louis de Bourbon, comte de Montpensier, née vers l'an 1466, fut l'une des plus vertueuses et des plus savantes princesses de son siècle. Elle épousa, en 1485, Louis de la Trémouille qui fut tué à la bataille de Pavie. Gabrielle consacra ses jours à l'étude des belles-lettres ; avec autant d'esprit que de véritable piété, elle composa plusieurs ouvrages d'éducation, qui furent très-estimés; la plupart sont restés manuscrits, car cette princesse, recherchant plus l'utilité que la gloire, ne les composait que pour servir de guide à des mains religieuses. — Elle mourut dans son château de Thouars, et un an après son mari, le 31 décembre 1516.

— Nous sommes enfin au bout de notre carrière; et si toutes les femmes célèbres n'ont pas obtenu place dans cet ouvrage, on y a reçu du moins toutes les plus illustres des temps modernes Les dames doivent y puiser cette leçon, qu'elles peuvent pratiquer toutes les vertus, et se distinguer par tous les talens, puisqu'elles ont ici des modèles dans tous les genres, et que l'autre sexe n'a aucune gloire où il n'ait été égalé par quelques femmes.

FIN DU SECOND ET DERNIER VOLUME.

TABLE ALPHABÉTIQUE

DES

FEMMES CÉLÈBRES

QUI COMPOSENT CETTE BIOGRAPHIE.

A.

B.

C.

2.   23

E.

H.

M.

R.

S.

FIN DE LA TABLE.

9 782013 721325